Historias del Cielo

Heaven Stories

Museo Salvaje

Colección de poesía

———————————————

Poetry Collection

Wild Museum

María Rosa Lojo

Historias del Cielo

Heaven Stories

Traducido por/*Translated by*
Brett Alan Sanders

Nueva York Poetry Press LLC
128 Madison Avenue, Oficina 2RN
New York, NY 10016, USA
Teléfono: +1(929)354-7778
nuevayork.poetrypress@gmail.com
www.nuevayorkpoetrypress.com

***Historias del Cielo/Heaven Stories*
© 2022 María Rosa Lojo**

ISBN-13: 978-1-950474-69-1

© Colección *Museo Salvaje* vol. 39
(Homenaje a Olga Orozco)

© Dirección:
Marisa Russo

© Edición:
Francisco Trejo

© Diseño de portada:
William Velásquez Vásquez

© Diseño de interiores:
Moctezuma Rodríguez

© Fotografía de portada:
Roy Córdova

Historias del Cielo se publicó por primera vez en castellano dentro del libro *Bosque de ojos*. Buenos Aires: Sudamericana, 2011, pp. 5-70.

Lojo, María Rosa
Historias del Cielo/Heaven Stories / María Rosa Lojo. 1ª ed. New York: Nueva York Poetry Press, 2022, 156 pp. 5.25" x 8".

1. Poesía argentina   2. Poesía latinoamericana

Todos los derechos reservados. Esta publicación no puede ser reproducida, ni en todo ni en parte, ni registrada en o transmitida por, un sistema de recuperación de información, en electroóptico, por fotocopia, o cualquier otro, sin el permiso previo por escrito de la editorial, excepto en casos de citación breve en reseñas críticas y otros usos no comerciales permitidos por la ley de derechos de autor. Para solicitar permiso, contacte a la editora por correo electrónico: nuevayork.poetrypress@gmail.com

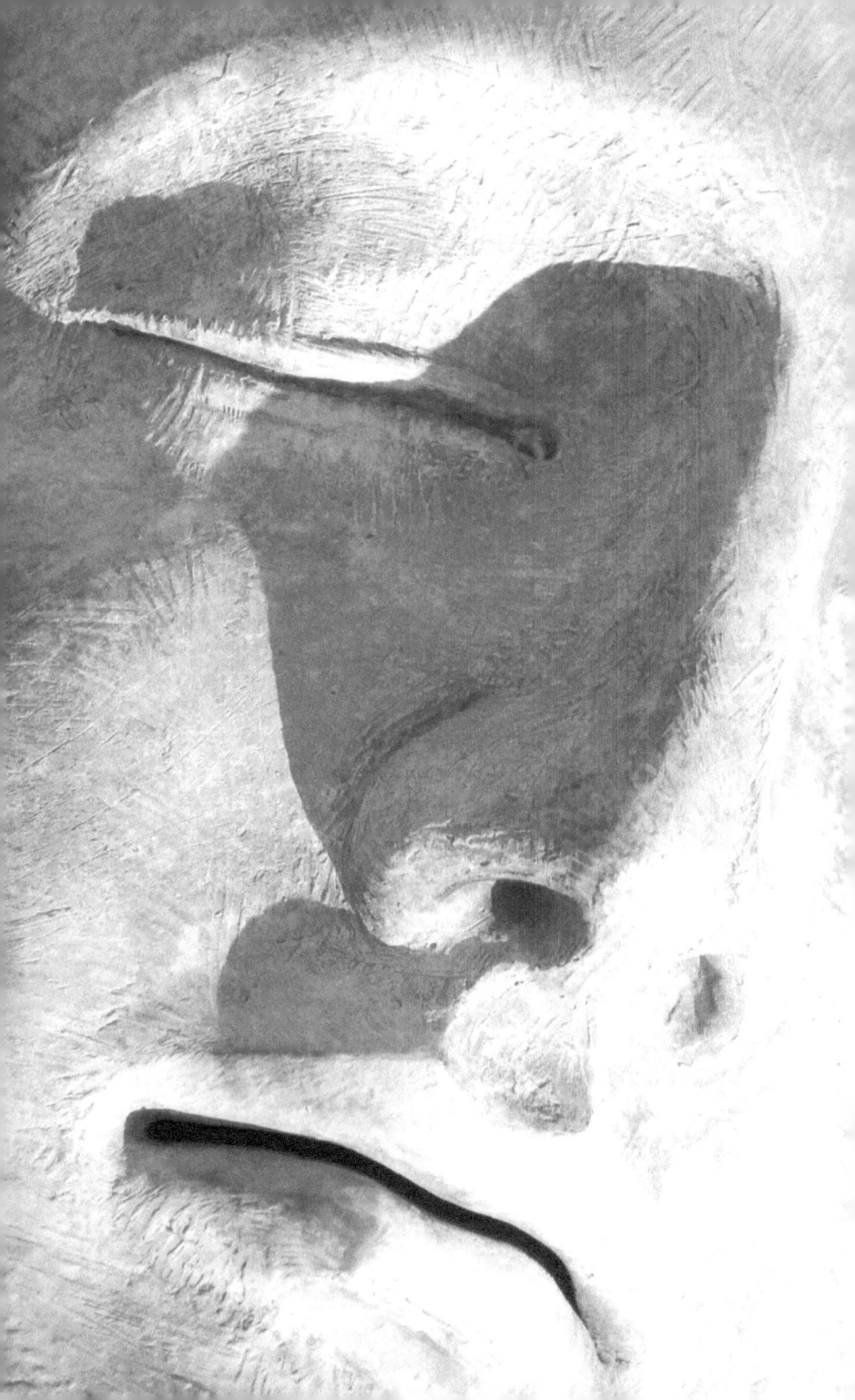

IMAGINAR EL CIELO

Empecé hace años (sería difícil precisar cuándo) este libro de *Historias del cielo*, impulsada por la pasión de la paradoja. En principio la de su mismo título, ya que el Cielo, se supone, es el lugar en donde no hay Historia ni historias, donde el tiempo se detiene, y deja de despeñarse en la sucesión.

Reacio a las demostraciones y las pruebas, el Cielo no es, empero, inimaginable ni inconcebible, y así lo indican tantas representaciones mitológicas, literarias y teológicas, dentro y fuera de la tradición occidental. Mi opción no fue conciliar o borrar las aristas de lo paradójico sino extremarlas: *Algunos padres serán hijos de sus hijos en el Cielo. Los esperarán, absurdamente jóvenes, como lo eran cuando los despidieron a la puerta de casa para ir a una guerra o al viaje que los mataría*. En el Cielo no hay paredes, ni salas, ni dormitorios, pero hay ventanas suspendidas en el vacío que *no sirven para cerrar ni para abrir. Son los marcos donde se encuadra la mirada, el borde donde se colocan los ojos para que no se pierdan, para que no enloquezcan, para que no los ciegue la Luz Desconocida*.

También decidí rehuir la tentación erudita. No quise refugiarme en la vasta y varia riqueza de las muchas mitologías coincidentes o contradictorias. No es este pequeño libro una enciclopedia irónica o lírica de lo que la imaginación humana ha diseñado, puesta a pensar el más allá, aunque sus "maestros", verdaderos o apócrifos, estén aquí citados o (re) inventados.

IMAGINING HEAVEN

I began this book of *Heaven Stories* years ago (it would be difficult to pinpoint when), driven by a passion for paradox. First of all that of its very title since Heaven, one supposes, is the place in which there are neither History nor stories, where time stops, ceasing to hurl itself into sequence.

Unyielding against demonstrations and proofs, Heaven is still not unimaginable or inconceivable, a fact bespoken by the vast number of mythological, literary, and theological representations within and outside of the western tradition. My choice was not to reconcile or erase the edges of the paradoxical but to carry them to the extreme: *Some fathers will be their children's children in Heaven. They will await them, absurdly young, as they were when they said their farewells at the house's door so they could go to a war or on the trip that would kill them.* In Heaven there are no walls, or living rooms, or bedrooms, but there are windows suspended in the emptiness which *are no good for closing or for opening. They are the frames that circumscribe the glance, the edge where one's eyes settle so they won't be lost, so they won't go mad, so they won't be blinded by the Unknown Light.*

I also decided to shun the temptation of scholarship. I refused to take refuge in the vast and varied wealth of the many coincidental or contradictory mythologies. This little book is not an ironic or lyrical encyclopedia of what the human imagination, set on contemplating the beyond, has designed; although its "teachers," true or apocryphal, are here cited or (re)invented.

Sin abstraerse de las tradiciones culturales, estas páginas sueñan el Cielo y las paradojas divinas y humanas sobre todo desde los hitos cotidianos y cruciales de cualquier existencia, desde las dudas y temores que implican la memoria o la prospectiva de un "más allá", desde el dolor y los desencuentros en la vida mortal y acaso también fuera de ella. Por el mapa de ese Cielo seguramente deambula más gente extraviada que encontrada. Otros, a los que no espera nadie, de todas maneras se van quedando, quizá porque no tienen otro remedio: *Están exhaustos por el largo viaje y ya no hay para ellos, en el mundo o fuera de él, otro lugar mejor a donde ir.*

¿Es este "más allá" un Paraíso o un Infierno? Ajeno a los clichés tranquilizadores, el Cielo de estas "historias", o "escenas", o "definiciones de lo indefinible", parece ser lo que cada uno espera encontrar, lo que lleva dentro de sí mismo, incluso el mal. Lo mismo pasa con Dios: *Descomunal, amorfo como una ameba, giratorio como un caleidoscopio, intrincado, regurgitante, todopoderoso, insaciable, indestructible. Corrupto como un pantano donde medran las larvas de todo lo viviente, ávido, invasivo, penetrante, siempre volviendo. Dios: Eso.* Tal es la perspectiva del Rey Ubú. Pero la del poeta sufí resulta muy distinta: *Como la huella de su pie / Sobre la alfombra donde danzó/ Mi amada./ Así de leve, Dios,/ Así de imperceptible./ Todo ausencia/ para cualquiera/ Salvo para quien ama.*

Supongo que este libro siempre en proceso, que envejece junto conmigo, sigue inconcluso. ¿Acaso porque es interminable? ¿Porque se alimenta de iluminaciones antojadizas, que llegan cuando quieren? Es que no se trata sólo (o no se trata en absoluto) de hacer juegos de ingenio,

Without becoming lost in cultural traditions, these pages dream Heaven and the divine and human paradoxes from, above all, the quotidian and crucial marking posts of anyone's existence, from the doubts and fears that imply memory or the prospectus of a "beyond," from the sorrow and the misfortunes in mortal life and perhaps also outside it. Along the map of that Heaven, surely more lost people than found are roaming about. Others, awaited by no one, begin staying nonetheless, perhaps because they have no other choice: *They are exhausted by the long journey and there is no longer any place better for them to go, in this world or out of it.*

Is this "beyond" a Paradise or a Hell? Free from tranquilizing clichés, the Heaven of these "stories," or "scenes," or "definitions of the indefinable," seems to be what each one expects to find, what they carry within themselves, including evil. The same thing happens with God: *Gargantuan, amorphous as an amoeba, revolving like a kaleidoscope, intricate, vomitous, all-powerful, insatiable, indestructible. Corrupt as a swamp where the larvae of all living things flourish, greedy, invasive, penetrating, always returning. God: That.* Such is the perspective of King Ubú. But that of the Sufi poet turns out to be very distinct: *Like the trace of her foot / On the carpet where my beloved / Danced. / So light, God, / So imperceptible. / All absence / For anyone / Except for whoever loves.*

I suppose that this book always in process, which ages along with me, remains unfinished. Perhaps because it is unending? Because it feeds on whimsical illuminations, which arrive when they please? The thing is, it is not just about (or is not at all about) playing games of wit,

sino de impactos visuales, dislocaciones de la perspectiva, subversiones emocionales. Algo verbalmente cercano a la pintura surrealista, a Magritte, sobre todo. La metáfora viva de Ricoeur, chocante, revulsiva, sorprendente. La única que lograría producir algún tipo de conocimiento sobre tales materias, ya que el camino científico y aun el filosófico llevan a puntos ciegos, sin que ningún esplendor, ninguna chispa salten de esos delgados palitos que la razón, siempre primitiva, frota inútilmente para provocar el fuego.

En el umbral de lo inalcanzable, la memoria y el testimonio se retacean. Pero se puede entrar al Cielo una vez cada año, apoyando el peso del cuerpo sobre una puerta que se dibuja de pronto en la pared. Los que entran saben que han estado en el Cielo por un olor inolvidable que borra cualquier otro recuerdo. Ese olor *es indescriptible, e imperceptible para todos los demás seres humanos* y no se parece a ninguno de los aromas conocidos. Aunque una prueba podría convencer a los incrédulos amantes de los gatos, que *olfatean con adoración al que regresa del Cielo y maúllan, despechados, a la luna que nunca baja, que siempre está demasiado lejos para olerla.*

Sigo imaginando el Cielo, a veces con horror y otras con esperanza. Abro un cuaderno, despliego una pantalla, y espero, como la alumna torpe de un maestro zen que nunca muestra la cara, a que mi mano autónoma se vuelva taquígrafa de los mensajes celestes sobre la superficie blanca.

but rather visual impacts, dislocations of perspective, emotional subversions. Something verbally close to surrealist painting, to Magritte, above all. The lively metaphor of Ricoeur, offensive, revulsive, surprising. The only kind that would manage to produce some type of knowledge about such matters, since the scientific and even philosophical roads lead to blind spots; without any splendor, any spark jumping from those slender little sticks that an always primitive reason uselessly rubs together in order to kindle the fire.

At the threshold of the unattainable, memory and testimony hold themselves back. But it is possible to enter Heaven once every year, buttressing the body's weight against a door that is suddenly sketched on a wall. Those who enter know they have been in Heaven because of an unforgettable scent that erases any other memory. That scent is *indescribable, and imperceptible to all other human beings*, and doesn't resemble any known aromas. Although there is a test that could convince the incredulous lovers of cats, which *adoringly sniff the one returning from Heaven and meow, vexed, at the moon which never comes down, which is always too far away to smell.*

I continue imagining Heaven, sometimes with horror and other times with hope. I open a notebook, a screen, and wait like the awkward student of a Zen master who never shows his face, until my autonomous hand becomes stenographer of heavenly messages on the white surface.

Paradojas. Destiempos

Paradoxes. Bad Timing

Lo que no pasa en ese no lugar

El Cielo –se ha dicho– es el lugar en donde no hay historia. El tiempo cesa allí como cesa de fluir la sangre de una herida. Quizás, en ese espacio donde ningún cuerpo pesa, no hay más que el tiempo de lo que ya se vivió, fragmentado como un rompecabezas, que se arma y se desarma una y otra vez, hasta agotar todas las combinaciones posibles del temor y el deseo.

Quizá se sobremuere allí cómo en los sueños: cada noche (o cada día) lo mismo y distinto, sin conexión o continuidad con el sueño anterior. Seremos entonces habitantes de casas interminables, que cambian constantemente la distribución de los cuartos o la orientación de las ventanas. Encontraremos caras desconocidas y caras que conocemos demasiado y que preferiríamos perder. Habrá animales que comerán dulcemente de nuestra mano y otros, oscuros, que acecharán como amenazas, aunque no existan ya carne ni huesos que puedan morderse.

Habrá, acaso, un paisaje de campanarios, siempre lejano. Una música de belleza intolerable saldrá de las iglesias, y la escucharemos sin entrar al interior umbrío, sin tocar el musgo perenne de aquellas grandes torres, sin sentarnos en los altos bancos del coro de las criaturas, así en el Cielo como en la Tierra, eternos excluidos de la mesa de Dios.

Tal vez hemos estado allí, antes del nacimiento, y viajamos a la Tierra para que algo nos sucediera, realmente. Para que algo doliera de verdad, para que las pérdidas fueran irreparables y raros y únicos los gozos. Para que pudiéramos soñar la felicidad como la falsa memoria de un Cielo inexistente.

WHAT DOES NOT HAPPEN IN THAT NON-PLACE

Heaven (so they say) is the place in which there is no history. Time stops there as the blood of a wound stops flowing. Perhaps, in that place where bodies don't weigh anything, there is nothing more than the time of what has already been lived, fragmented like a jigsaw puzzle, which is put together and taken apart over and over again until all possible combinations of fear and desire have been exhausted.

Perhaps one dies again there as in dreams: every night (or every day) the same and distinct, without connection or continuity with the previous dream. Then we will be inhabitants of houses without end, which constantly change the layout of rooms or the location of windows. We will encounter unknown faces and faces that we know too well and would prefer to lose track of. There will be animals that will eat sweetly from our hand and others, dark, that will lie in wait like threats, although there no longer exist meat or bones that they can bite into.

There will be, perhaps, a landscape of bell towers, always far off. A music of intolerable beauty will come out of the churches and we will listen to it without entering the shady interior, without touching those grand towers' perennial moss, without sitting down on the tall banks of the creatures' choir, thus in Heaven as on Earth eternally excluded from God's table.

Maybe we have been there before we were born and we travel to Earth so that something might happen to us, for real. So that something might truly hurt, so that losses might be irreparable and joys strange and unique. So that we might dream happiness like the false memory of an inexistent Heaven.

Los Santos Inocentes

Los primeros pobladores del Cielo cristiano fueron los Santos Inocentes.

Inocentes, claro, hubo muchos antes que ellos. Pero tal inocencia y las formas de su vida y de su muerte, fueron estrictamente naturales, sea por las diversas enfermedades que aquejan a la infancia, sea por la maldad que algunos hombres segregan, como el caracol su baba luminosa.

Los otros Inocentes, los que mandó matar un rey de Galilea, porque uno de ellos podía ser el legítimo heredero de su trono, se merecían el Cielo por causas del todo sobrenaturales. Aunque ninguno de ellos fue consultado previamente a tal efecto, sus breves vidas y sus largas muertes fueron necesarias para despistar a Herodes, y para que se cumplieran las profecías.

Quedaron, pues, bautizados con su propia sangre, que protegía los secretos designios del Señor, y entraron de inmediato en un Cielo vacío. Venían degolladitos, temblando por las corrientes de aire que asolaban ese espacio aún inhóspito. Se hubiera dicho que llegaban en malón, a no ser por su condición especialmente patética e inofensiva.

Varios ángeles les cosieron los cuellos tiernos y rotos con dedos de seda. Y otros ángeles (puesto que aún no había allí mujeres, y tampoco hombres) les dieron de mamar, ya que habían sido arrancados sin piedad del seno de sus madres, y ninguna otra cosa podía complacerlos.

The Holy Innocents

The first settlers of Christian Heaven were the Holy Innocents.

There were, of course, many innocents before them. But such innocence and the forms of their life and their death were strictly natural, be it by means of the diverse illnesses that afflict infancy, or by means of the evil that some men secrete as the snail secretes its luminous slime.

The other Innocents, those whom a king of Galilee ordered killed, because one of them could be the legitimate heir to his throne, deserved Heaven for causes entirely supernatural. While no one of them was previously consulted to that effect, their brief lives and their long deaths were necessary to mislead Herod, and so that the prophecies might be fulfilled.

They remained, then, baptized in their own blood which protected the secret designs of the Lord, and they immediately entered an empty Heaven. They came with their tiny throats slit, trembling because of the currents of air that parched that still inhospitable space. One might have said they were coming on a raid if it weren't for their especially pathetic and inoffensive condition.

Various angels sewed up their tender, torn necks with fingers of silk. And other angels (no women were present, after all, nor men either) gave them to suck, since they had been torn without pity from their mothers' bosom and nothing else could give them pleasure.

LOS NIÑOS TONTOS

No se sabe si los niños a los que llamaban tontos en la Tierra seguirán siendo tontos en el Cielo. Si sus sonrisas fáciles y mojadas seguirán ofreciéndose a cualquiera, por nada, sin motivo, como se ofrecían en el reino de este mundo.

No se sabe si vivirán allí con maestros especiales cuyo máximo objetivo será lograr que después de meses o años de paciente trabajo, ejecuten los actos elementales que realiza sin esfuerzo cualquier persona, aun la de corazón más vil o despreciable. O si los acompañarán sus padres, por fin felices, despreocupados del temor al porvenir, ya que todos han muerto y no necesitan nada y en el Cielo —que es el lugar de la eterna armonía— nadie querrá dañar a sus criaturas frágiles.

FEEBLE-MINDED CHILDREN

It isn't known if children who were called feeble-minded on Earth will continue being feeble-minded in Heaven. If they will continue offering up their easy wet smiles to any caller for no reason, for nothing, just as they offered them up in the kingdom of this world.

It isn't known if they will live there with special teachers whose biggest goal is to assure that, after months or years of patient work, they might carry out the basic tasks that any other person accomplishes without effort, even one with the most vile or despicable heart. Or if their parents will accompany them, at last happy, unworried by fear of what is to come, since all of them are dead and they don't need anything and in Heaven (which is the place of eternal harmony) no one will want to hurt their fragile babies.

Madres e hijos

Algunos padres serán hijos de sus hijos en el Cielo. Los esperarán, absurdamente jóvenes, como lo eran cuando los despidieron a la puerta de casa para ir a una guerra o al viaje que los mataría. O cuando los besaron por última vez, en una cama de hospital, tragándose las lágrimas, pensando "qué será de ellos cuando yo me vaya", mirando ansiosamente hacia el futuro en esos ojos asustados por el beso demasiado largo y demasiado intenso.

Pero ellas, sobre todo, no podrán entenderlo. Las que se fueron cuando eran casi niñas y los parieron con su propia muerte. Esos bebés, pequeños como muñecos, a los que abrazaron apenas un momento, llegarán con una fotografía, un retrato, un camafeo, entre las manos incrédulas. Viejos o viejas, encorvados, renqueantes, con dentaduras postizas, con dedos deformados por la artritis, las encontrarán por fin entre la multitud de madres muertas y se apretarán contra su pecho y buscarán el latido remoto de su corazón y el olor inconfundible que nunca más se repitió sobre la Tierra.

MOTHERS AND CHILDREN

Some fathers will be their children's children in Heaven. They will await them, absurdly young, as they were when they said their farewells at the house's door so they could go to a war or on the trip that would kill them. Or when they kissed them for the last time in a hospital bed, swallowing back tears, thinking "what will become of them when I'm gone," looking anxiously toward the future in those eyes scared by the too long and too intense kiss.

But the women, above all, will not be able to understand it. Those who went when they were little more than girls and gave birth to them with their own death. Those infants, small as dolls, whom they embraced for scarcely a moment, will arrive with a photograph, a portrait, a cameo, between incredulous hands. Old men or women, stooped over, hobbling, with false teeth, with fingers deformed by arthritis, will find them at last within the multitude of dead mothers and will each press themselves against her breast, searching for the remote beating of her heart and the unmistakable scent that was never again repeated on Earth.

La madre, la hija

Las madres de las demás protegen a sus hijas desde el Cielo.

La mía no. La mía quizá no está en el Cielo, o se le ha olvidado la dirección de esta casa, donde vivo en la Tierra.

Las hijas de esas madres son mayores, como yo. Ya no van a la escuela, no calzan mocasines de taco bajo, no se comen las uñas. Sin embargo creen, como si fueran niñas, que su madre es una estampita de la Virgen de Luján, colocada bajo la tapa de vidrio del escritorio de Dios, y que las mira desde allí, ejerciendo poderes bondadosos y ministeriales, acelerando el trámite de su felicidad como si se tratase de un expediente burocrático en las oficinas celestes.

Yo no lo creo.

La mía no mira.

La mía estaba ciega y no quería ver luz ninguna.

La luz la desollaba y la desgarraba como una mordedura de ácido. Mi madre era frágil como un vampiro asustado, temeroso del dolor de esa luz, pero también, sobre todo, de la carga de la vida inmortal.

Por eso no puede estar viva, en ningún cielo.

No puede ser una estampa piadosa la que no tenía piedad, ni aun de sí misma.

Quizás Otro se habrá apiadado de ella.

Quizá flote sobre una tierra crepuscular, entre dos tornasoles, cuando ningún rayo hiere.

Mother, Daughter

From Heaven, the mothers of other girls protect their daughters.

Not mine. Perhaps mine isn't in Heaven, or she's forgotten the address of this house where I live on Earth.

Those mothers' daughters are grown up, like me. They don't go to school anymore, they don't wear low-heeled moccasins, they don't chew their nails. Nevertheless they believe, as if they were girls, that their mother is a little print of the Virgin of Luján, placed beneath the glass cover of God's desk, and that she watches them from there, exercising benevolent and ministerial powers, speeding up the procedure for their happiness as if it were a matter of a bureaucratic expedient in celestial offices.

I don't believe it.

Mine doesn't watch.

Mine was blind and didn't want to see any light at all.

The light flayed her and tore at her like the bite of acid. My mother was fragile like a frightened vampire, fearful of the pain of that light, but also, above all, of the burden of eternal life.

That's why she can't be alive, in any heaven.

She who had no mercy, not even on herself, can't be a merciful print.

Maybe Someone else might have taken pity on her.

Maybe she is floating over a twilit earth, between two bright gemstones, when no ray of light offends.

Quizás el único contacto entre nosotras sea esa ausencia: el roce de un soplo, de una brisa, de un aliento, las palabras que no se dijeron, el hueco de un cuerpo en el aire.

Pero ese hueco es tan resistente y opaco y compacto como un muro.

Mi madre es un agujero negro detrás del muro, la boca del vacío, la muerte.

Algún día mi mano traspasará el aire hostil de la pared. El muro cederá, y tomaré el vacío, el agujero negro, la muerte, lo daré vuelta del revés, como se da vuelta un guante, o un vestido, o las letras de un mensaje cifrado.

Me pondré esa nada como quien se pone un vestido de fiesta.

Bailaré en la fiesta.

Dejaré de temer.

Del otro lado mi madre crecerá, como una niña nueva en un jardín.

Maybe the only contact between us is that absence: the touch of a gust, of a breeze, of a breath, words that weren't spoken, the hollow of a body in the air.

But that hollow is as resistant and opaque and compact as a wall.

My mother is a black hole behind the wall, the mouth of emptiness, death.

One day my hand will cross over the hostile air of that wall. The wall will give way and I'll take the emptiness, the black hole, death, turn it over to its other side the way you take a glove, or a dress, or the letters of a coded message and turn it inside out.

I'll put on that nothingness the way someone puts on a party dress.

I'll dance at the party.

I'll stop being afraid.

From the other side my mother will grow, like a new girl in a garden.

Ventanas

El Cielo es un lugar en donde proliferan las ventanas. A veces ni siquiera hay paredes, ni salas, ni dormitorios. Pero las ventanas están siempre allí, con un antepecho para recostar los brazos, o un sillón puesto atrás o adelante, da lo mismo, ya que el adentro y el afuera tampoco existen.

En el Cielo las ventanas no sirven para cerrar ni para abrir. Son los marcos donde se encuadra la mirada, el borde donde se colocan los ojos para que no se pierdan, para que no enloquezcan, para que no los ciegue la Luz Desconocida.

WINDOWS

Heaven is a place where windows abound. Sometimes there are neither walls nor living rooms nor bedrooms. But the windows are always there, with a sill to rest one's arms on or an easy chair placed behind or before; it's all the same, since inside and outside don't exist either.

In Heaven windows are no good for closing or for opening. They are the frames that circumscribe the glance, the edge where one's eyes settle so they won't be lost, so they won't go mad, so they won't be blinded by the Unknown Light.

LOS QUE NADIE ESPERA

Desde las ventanas del Cielo se ve avanzar a los que nadie espera, casi siempre torpes, distraídos y silenciosos, hasta que creen reconocer una cara familiar en alguno de los marcos lejanos y vidriados, azarosamente distribuidos.

Aunque no se trata sino de espejismos de la distancia, meras trampas del raro sol del Cielo, los que llegan se acercan y finalmente se quedan, aquerenciados y hogareños. Están exhaustos por el largo viaje y ya no hay para ellos, en este mundo o fuera de él, otro lugar mejor a donde ir.

THOSE WHOM NO ONE AWAITS

From Heaven's windows one sees the approach of those whom no one awaits, almost always awkward, distracted, and silent, until they believe they recognize a familiar face in one of the distant and randomly distributed glazed frames.

Although they are nothing more than mirages of distance, mere tricks of Heaven's rare sun, those who are arriving draw close and finally stay, having grown fond of the place and made themselves at home. They are exhausted by the long journey and there is no longer any place better for them to go, in this world or out of it.

Dónde está el Reino

El Reino de los Cielos está en la punta de una pirámide. Lo sabe el beduino que atraviesa el desierto y ve de lejos el resplandor que se desplaza, junto con la pirámide, a medida que avanza.

El Reino de los Cielos está en el fondo de un pozo de agua color de zafiro, apenas perturbada por peces muy pequeños, a veinte o treinta metros bajo la luz del día y el suelo de la selva. Lo sabían los mayas y lo saben los buzos que exploran los cenotes en la piedra calcárea. Vuelven una y otra vez y no pocos se pierden, año tras año, en los túneles que conectan entre sí las grandes cisternas luminosas, sin haber encontrado la grieta por donde las Puertas del Cielo comienzan a abrirse.

El Reino de los Cielos está en una combinación de letras. Lo saben algunos poetas y algunos lectores que ensayan del derecho y del revés permutaciones portentosas, pero las frases no terminan de sonar como la música divina que haría invulnerables a los hombres, vencedores del tiempo y de la muerte.

El Reino de los Cielos, dicen otros, es un soplo que pasa. Nadie sabe cuándo, ni por dónde. Lo esperan toda la vida, con la piel abierta y alerta, como quien aguarda la caricia del más amado que se fue para siempre, o el beso de un amor desconocido.

WHERE THE KINGDOM IS

The Kingdom of Heaven is at the peak of a pyramid. The Bedouin knows it as he crosses the desert and sees far off the resplendence that shifts, along with the pyramid, as he advances.

The Kingdom of Heaven is at the bottom of a deep pool of water the color of sapphire, barely disturbed by very small fishes, at twenty or thirty meters below the day's light and the jungle's floor. The Mayas knew it and divers who explore the cenotes in the limestone rock know it. They return time and time again and no few lose themselves, year after year, in the tunnels that connect among each other the great luminous cisterns, without having found the crevice through which the Doors of Heaven begin opening out.

The Kingdom of Heaven is in a combination of letters. This is known by some poets and some expositors of sacred texts who attempt prodigious transformations from the right and upside down, but the phrases never end up sounding like divine music that would make men invulnerable, conquerors of time and of death.

The Kingdom of Heaven, others say, is a breeze that passes by. No one knows when or whereby. They wait for it all their lives, with their skin open and alert, like one holding onto the caress of the most beloved who went away forever, or the kiss of an unknown love.

VIDA Y MUERTE

En el Cielo se acaba la proximidad de la muerte. Ya no seremos el huevo de la serpiente que se romperá en cualquier momento para dejar salir a la asesina.

En el Cielo no hay temor de perder lo que siempre está, ni temblor por dejar de ser lo que para siempre se es.

En el Cielo no hay dolor, hijo de la pérdida.

En el Cielo ya no existe la vida, que teme, pierde, duele, tiembla y muere.

LIFE AND DEATH

In Heaven death's proximity is ended. No longer will we be the serpent's egg that will break open at any moment allowing the assassin to emerge.

In Heaven there is no fear of losing what is always present, or trembling not to cease being what one forever is.

In Heaven there is no sorrow, child of loss.

In Heaven there no longer exists life, which fears, loses, hurts, trembles, and dies.

Objetos perdidos

Sobre mesas inesperadas, en cajones imposibles, sin mueble en el que encajar, sólo sostenidos por el aire, los que fueron niñas y niños hace mucho podrán encontrar en el Cielo sus destruidas y acaso nunca olvidadas pertenencias: una muñeca de porcelana con la cabeza rota, la campanilla del trineo Rosebud; una pelota de trapo aplastada por un carro, un trompo sin colores, un muñeco a pilas, oxidado, con el inútil brazo en alto para tocar un tambor ya inexistente.

Acaso Dios los mirará jugar con esos despojos, ávidos y desconcertados, arqueólogos de sí mismos que intentan reconstruir con fragmentos de fósiles el esqueleto de una vida remota.

Lost Objects

On unexpected tables, in impossibly huge drawers, with no piece of furniture in which to fit it all, sustained only by air, those who long ago were girls and boys will be able to find in Heaven their ruined and perhaps never forgotten possessions: a porcelain doll with its head broken, the little bell of the Rosebud sleigh; a rag ball smashed by a car, a discolored spinning top, a rusted figurine that runs on batteries with its useless arm raised high to play a by-now inexistent drum.

Perhaps God will watch them play with those remnants, earnest and disconcerted, archaeologists of themselves who are trying to reconstruct with fragments of fossils the skeleton of a remote life.

LA INMENSA SOMBRA

El extraño azar –dicen– diseña los alvéolos de la colmena, las alas de las libélulas, las rayas del tigre, la tela de la araña, la piel de la serpiente.

El extraño azar dirige la rotación de los planetas, las fases de la luna, la rosa de los vientos, la ruta de las estrellas.

El extraño azar decidió el número de tus cabellos, el color de tus ojos, el ancho de tu espalda, la medida de tu deseo.

Sin por qué ni para qué –dicen–, como golpes de dados desde la inmensa sombra.

The Immense Shadow

Peculiar chance (they say) designs the alveoli of the beehive, the wings of dragonflies, the stripes of the tiger, the web of the spider, the skin of the serpent.

Peculiar chance directs the rotation of planets, the phases of the moon, the wind rose, the route of stars.

Peculiar chance decided the number of your hairs, the color of your eyes, the breadth of your back, the measure of your desire.

Without rhyme or reason (they say), like rolls of the dice from the immense shadow.

DIBUJOS

Pasé la vida dibujando la cara de Dios. Con trazos torpes, gruesos, con colores desmesurados de crayón infantil, con marcadores sobre la superficie de un globo que dejaba subir para que Él se mirase como en un espejo y se reconociese en la gran boca sonriente.

Luego probé con libros, prolijos y ambiciosos como catedrales, o salvajes como un jardín en donde sólo crece la caprichosa hierba. Pero Dios no se quedó en la catedral delicada ni en el jardín hirsuto.

Ahora ya no dibujo. Permanezco muy quieta, como si no tuviera voluntad. En silencio, como si no tuviera voz. Cierro los ojos para sentir mejor el roce de insecto de los dedos de Dios, para atrapar a Dios que sigue trazando sin descanso los rasgos de mi cara, las líneas de mi cuerpo.

SKETCHES

I spent my life sketching God's face. With thick, clumsy strokes, with the extravagant colors of childish crayons, with markers on the surface of a balloon that I let rise so He might look at Himself as if in a mirror and recognize Himself in the great smiling face.

Then I tried with books, verbose and ambitious like cathedrals, or wild like a garden in which only the capricious herb grows. But God did not stay in the delicate cathedral or in the bristly garden.

Now I no longer sketch. I remain very quiet, as if I had no will. In silence, as if I had no voice.

I close my eyes to better feel the insect touch of God's fingers, to catch God who continues restlessly drawing the features of my face, the lines of my body.

FUEGO SAGRADO

Atrás, en la noche de todos los tiempos, caía el fuego como un líquido incoloro en el abismo, derramado sin luz.

Hasta que la luz no tropezó con la primera materia, no hubo luz.

Hasta que el primer ojo no vio al fuego, no hubo fuego.

Hasta que no hubo oración nada fue sagrado.

Hasta que no nacieron los hombres con ojos y palabras, no hubo Dios.

SACRED FIRE

Behind, in the night of all times, fire fell like a colorless liquid into the abyss, spread forth without light.

Until light stumbled onto the first matter, there was no light.

Until the first eye saw fire, there was no fire.

Until there was prayer nothing was sacred.

Until men were born with eyes and words, there was no God.

La belleza espantosa

No responderás cuando denuncie el horror de Tu Creación ni las maldades de tu criatura predilecta, porque aparecerá la belleza.

En una cara, en un grito, en una herida, en una llaga donde viven insectos y gusanos traslúcidos.

En las matanzas de los cuerpos mudos con sus ojos abiertos al Cielo que no habla.

Sucia, rota, deforme, desvalida, desordenada, impura, desgarrada, la belleza de lo horrible me partirá el corazón para hacer un oráculo que nadie descifrará.

La belleza espantosa brotará de mi corazón partido como la palabra que Dios se niega a pronunciar.

Frightful Beauty

You will not respond when I denounce the horror of Your Creation or the evils of Your favored creature, because beauty will appear.

In a face, in a shout, in a wound, in an ulcer where translucent insects and worms dwell.

In the killings of mute bodies with their eyes open to Heaven which does not speak.

Dirty, broken, deformed, indigent, disarranged, impure, torn apart, the beauty of the horrible will rip my heart in two in order to make an oracle that no one will decipher.

Frightful beauty will sprout from my rent heart like the word that God refuses to pronounce.

Dicen los maestros

Say the Teachers

SOBRE LA INFINITA NEGATIVIDAD DE LA VIDA

Sufrir es infinitamente fácil.
Basta una aguja clavada en la yema de los dedos.
Basta una piedra en la sandalia, basta un callo en el dedo
    meñique del pie izquierdo.
No hay sufrimientos suficientemente pequeños.
No hay sufrimientos merecidos.
Las religiones los justifican por los pecados de los hombres
–supuestos o reales, en esta vida o en muchas otras– para
que éstos puedan soportarlos sin que enloquezca, despechada, nuestra razón.

Ninguna felicidad alcanza.
Todas hartan, todas enfadan o se transforman lentamente
    en dolor.
Si los mortales aspiran al Cielo no es acaso para dejar de
    sufrir
sino para que cada dicha sacie
para que todo se ilumine con la mirada de Dios
como la mota de polvo que apresada por la luz un solo
    instante
titila y resplandece.

(De las Enseñanzas de Janucá Leví, autora del Eclesiastés,
    parte II)

ON LIFE'S INFINITE NEGATIVITY

To suffer is infinitely easy.
A needle driven into the tip of your fingers is enough.
A pebble in your sandal is enough.
A corn on the little toe of your left foot is enough.
There aren't sufferings sufficiently small.
There aren't merited sufferings.
Religions justify them by men's sins —supposed or real, in this life or in many others— so that these sufferers might endure them without our reason, already embittered, going mad.

No happiness takes hold.
They all taunt, they all tease, or they are slowly transformed
    into sorrow.
If mortals aspire toward Heaven it isn't perhaps to stop
    suffering
But that each joy be sated
So that everything becomes illuminated by God's
    countenance
Like the speck of dust that seized by the light for a single
    instant
Quivers and shines.

(From the Teachings of Janucá Leví, authoress of
    Ecclesiastes, Part II)

DIJO MIRA MÁS LEJOS
(*CIRCA* 1800-1890), CHAMÁN RANQUEL

Lo que los *huincas* llaman "Cielo" no es gran cosa.
Hablan de un lugar tranquilo y verde,
donde a los hombres les crecerán las alas, pero no las
    usarán para volar
por los dominios del cóndor.
Hablan de un lugar donde cantarán la gloria de su Dios
con una lengua que no se parece a la del viento o a la
    de los pájaros.

Pero Mira Más Lejos, gente de la tierra, viajará a los
    volcanes,
a la encrucijada donde se comunican todos los mundos
y las almas suben y bajan en la escalera del tiempo.
Vivirá en las rocas más altas, como las águilas de su linaje.
Tendrá pies y tendrá garras,
tendrá pico y tendrá labios,
cambiará de formas como la nieve y como el huracán,
arderá sin quemarse en el centro del fuego madre.
Su grito será el rugido
del fuego que no muere.

SAID LOOKS FARTHER AWAY
(CIRCA 1800-1890), RANQUEL SHAMAN

What the *wincas** call "Heaven" is no great thing.
They speak of a tranquil green place,
Where men will grow wings but not use them to fly
Through the dominions of the condor.
They speak of a place where they will sing glory to their
    God
In a language that does not resemble the wind's or the
    birds'.

But Looks Farther Away, one of the land's people, will
    travel to volcanoes,
To the crossroads where all worlds communicate with each
    other
And souls climb and descend on time's stairway.
He will live in the highest rocks like the eagles of his
    lineage.
He will have feet and will have talons,
He will have beak and will have lips,
He will change forms like the snow and like the cyclone,
He will blaze without being burnt in the center of the
    mother fire.
His shout will be the roar
Of the fire that does not die.

Winca: Araucanian Indian word for foreigner; or, in context, white person or Christian. The Ranqueles were an Argentine pampean branch of the Araucanians, who were centered in the Chilean mountains.

DIJO TERESA (1515-1582)

Sólo Dios basta.

Aunque *vengan desamparos, cruces, desgracias*,
aunque los bienes del mundo se nos nieguen,
aunque hasta la piedad nos ignore,
aunque seamos, para los otros, inexistentes.

Pero también:
no basta sino Dios.
Aunque la felicidad colme la medida,
aunque la envidia denuncie como un crimen nuestra
       fortuna,
aunque todas las miradas nos reflejen, con amor o
       con odio.

Aun entonces y sobre todo entonces, no basta sino Dios.
No sacia sino Dios.
¿Quién lo tuviera?

SAID TERESA (1515-1582)

God alone is enough.

Although *abandonments, crosses, misfortunes come.*
Although the goods of the world be denied us,
Although even mercy be unmindful of us,
Although to others we be inexistent.

But also:
Nothing but God is enough.
Although happiness fulfill its measure,
Although envy denounce our fortune as a crime,
Although all glances betray us with love or with hate.

Even then and above all then, nothing but God is enough.
No one satisfies but God.
Who might receive Him?

Dijo Mira Más Lejos

Gran Hombre, dueño de la gente,
Vieja Reina
Señor de Piedra
Madre Celeste
Joven y Muchacha
el hermoso y la hermosa
y también
el surtidor que brota en la noche sagrada
la luna
en el agua negra.

SAID LOOKS FARTHER AWAY

Great Man, master of the people,
Old Queen
Lord of Stone
Heavenly Mother
Young Warrior and Maiden
The handsome and the beautiful
And also
The fountain that streams in the sacred night
The moon
In the black water.

Dijo Lázaro, que volvió de los muertos

Allí el descanso, la dicha incorruptible.
Allí el león y el cordero pacen juntos.
Allí me miro en el espejo de Dios
por siempre amado, tal como fui hecho.
Allí yo lo era todo y era en todo.

Allí era, Maestro, ¿por qué me devolviste?

SAID LAZARUS, WHO RETURNED FROM AMONG THE DEAD

There restfulness, incorruptible joy.
There lion and lamb graze together.
There I look at myself in God's mirror
Forever loved, just as I was made
There I was everything and was in everything.

There I was, Teacher, why did you return me?

Dijo el Rey Ubú

Descomunal, amorfo como una ameba, giratorio como un caleidoscopio, intrincado, regurgitante, todopoderoso, insaciable, indestructible.

Corrupto como un pantano donde medran las larvas de todo lo viviente, ávido, invasivo, penetrante, siempre volviendo.

Dios: Eso.

SAID KING UBÚ

Gargantuan, amorphous as an amoeba, revolving like a kaleidescope, intricate, vomitous, all-powerful, insatiable, indestructible.

Corrupt as a swamp where the larvae of all living things flourish, greedy, invasive, penetrating, always returning.

God: That.

DIJO EL POETA SUFÍ

Como la huella de su pie
sobre la alfombra donde danzó
mi amada.
Así de leve, Dios,
así de imperceptible.
Todo ausencia
para cualquiera
salvo para quien ama.

SAID THE SUFI POET

Like the trace of her foot
On the carpet where my beloved
Danced.
So light, God,
So imperceptible.
All absence
For anyone
Except for whoever loves.

Cosas de Dios

God's Affairs

El mal Dios

Dios, el malo, es lo incomprensible de Dios.

Mucho más incomprensible que un puente diseñado para quebrarse por la mitad, no bien pase sobre él un primer viajero.

Mucho más incomprensible que una cucaracha siempre repetida, siempre igual a sí misma: fea, sucia, devoradora, omnipresente, invulnerable, inmortal.

Mucho más incomprensible que un mundo donde todos los seres se alimentan de la muerte de los otros.

Mucho más incomprensible que la muerte, el mal Dios.

Acaso Dios, el malo, sólo se deja comprender en el Cielo. Acaso en el Cielo se vea el dorso suave de su cara corroída de ácido. Acaso en la cuenca de su ojo vacío se forme otro planeta hospitalario, y nademos en él, respirando con anfibios pulmones su agua pura.

THE BAD GOD

God, the bad one, is what is incomprehensible about God.

Much more incomprehensible than a bridge designed to break in half when the first traveler has not quite passed over it.

Much more incomprehensible than an ever replicated cockroach, always the same as itself: ugly, dirty, ravenous, omnipresent, invulnerable, immortal.

Much more incomprehensible than a world where all beings nourish themselves off the death of others.

Much more incomprehensible than death, the bad God.

Perhaps God, the bad one, only allows Himself to be understood in Heaven. Perhaps in Heaven one might see the soft side of His acid-corroded face. Perhaps in the bottoms of His empty eye another hospitable planet takes form and we swim in it, breathing with amphibious lungs its pure water.

Los mansos

Desdichados los mansos, porque ellos ven a Dios todos los días.

Es una carga muy pesada ver a ese Dios. Los ojos se resecan y casi se queman ante su vecindad abrumadora, aunque Él ya no suele presentarse en forma de zarza encendida, y menos aún en desiertos que los humanos no frecuentan porque se hacinan, unos sobre otros, en las ciudades.

Lo fascinan los mansos, tan anormales como perlas, y no espera que se vayan al Cielo para conocerlos.

Quiere saber si son mansos sólo por debilidad o por verdadera convicción y a veces, para comprobarlo, lanza sobre ellos todas sus calamidades como las lanzó sobre Job.

The Meek

Wretched are the meek, because they see God every day.

It is a very heavy burden to see that God. Their eyes dry out and almost burn up before His overwhelming proximity, although He no longer tends to present himself in the form of a burning bush; and even less in deserts that humans no longer frequent since they stack themselves, one on top of another, in cities.

He is fascinated by the meek, as abnormal as pearls, and He doesn't wait until they go to Heaven to become acquainted with them.

He wants to know if they are meek just out of weakness or out of true conviction and sometimes, to settle the matter, He throws all His calamities on them as He threw them on Job.

Santitos

Además de los ángeles y de su extraño Hijo, Dios tiene algunos otros intermediarios. No son solemnes y coléricos como los profetas. Su prestigio depende, antes bien, de la bondad y la mansedumbre. Suele vérselos, dóciles y bonitos como muñecos o muñecas, vestidos de sayal o delicadas puntillas, descalzos o en sandalias, exhibidos en los altares, pero también domésticos.

Cuando llega su día, los retiran de las iglesias, quizá tediosas pero siempre anchas y frescas, y los llevan en andas bajo el sol o bajo la lluvia, exponiéndolos a gritos, llantos, súplicas, aglomeraciones y festejos intempestivos. Deben esmerarse para agradecer a sus fieles tantos homenajes, y se espera de ellos que hagan algún milagro, siquiera por cortesía.

Mínimos y manuables, pueden alojarse en cualquier sitio. En una hornacina, junto a la entrada de una casa, o achatados y lisos, en forma de estampita, bajo la tapa de vidrio de un escritorio, o en la billetera, junto al documento de identidad y las fotos de la familia.

Ese destino simpático, casi gracioso, de fetiche o amuleto de la suerte, es la parte final de su tragedia. Casi nadie recuerda ya que no han nacido en el Cielo, que sólo ascendieron a tal beatitud después de padecimientos tan atroces que representan por sí solos toda la capacidad de sufrir de los humanos presentes, pasados y futuros. No son jailaifes, o niños bien criados en cuna de oro, como los ángeles obedientes, sino proletarios de la Gloria que se la han ganado a pulso, con sangre, sudor y cuantas lágrimas tuvieron disponibles.

LITTLE SAINTS

Aside from his angels and His strange Son, God has some other intermediaries. They aren't solemn and choleric like the prophets. Their prestige depends, rather, on their benevolence and mildness. One tends to see them, docile and pretty like figurines or dolls, dressed in sackcloth or fine lace, barefoot or in sandals, displayed on altars but also in homes.

When their day arrives, they are removed from the churches –dull, but spacious and fresh– and carried on portable platforms beneath sun or rain, exposing them to shouts, weeping, supplications, crowds, and unseemly public revelries. They must take great care to thank their faithful for so many acclamations; and it is hoped that they might perform some miracle, if only out of courtesy.

Minute and easy to handle, they can take up residence anywhere at all. In a vaulted niche, next to the entrance of a house; or flattened and smooth in the form of a print, beneath a desk's glass cover; or in a wallet next to one's identification card and family photos.

That congenial destiny of fetish or lucky charm, almost amusing, is the final part of their tragedy. Almost no one remembers now that they weren't born in Heaven, that they only ascended to such a beatitude after sufferings so cruel that they alone represent the whole capacity for suffering of humans present, past, and future. They aren't grandees, or well-raised children with a silver spoon in their mouths, like obedient angels, but proletarians of Glory who have earned it all by themselves, with sweat, blood, and as many tears as they had available.

Nadie sabe exactamente qué hace Dios con ellos. Algunos dicen que los colecciona, en un armario que guarda en el altillo de Su Casa Celeste. Dicen que en los peores momentos, desencantado de Su Creación, abre esas puertas y los mira, uno al lado del otro, tan diversos, tallados por artistas aborígenes o esculpidos por empleados de una Corte europea, joyas únicas que rompieron el molde de un solo sueño, o humildes y adocenadas copias de yeso.

Dicen que los santitos, le hablan, entonces, en todos sus idiomas, y que Dios se aligera de su cansancio infinito. Curioso y maternal como una nena, juega con ellos. Los viste y los desviste, les inventa historias. De cuando en cuando, los escucha también y, antes de volver a fastidiarse, les concede la gracia que solicitan, tocado por la ternura, y un nuevo milagro se hace sobre la Tierra.

No one knows exactly what God does with them. Some say He collects them, in a wardrobe that He keeps in the attic of His Heavenly Home. They say that in the worst moments, disenchanted with His Creation, He opens those doors and looks at them, one beside the other, so diverse, carved by aboriginal artists or sculpted by employees of a European Court, unique jewels that broke the mold of a single dream or humble run-of-the-mill plaster copies.

They say the little saints speak to Him, then, in all their languages, and that God's infinite weariness is lightened. Curious and maternal like a little girl, He plays with them. He dresses and undresses them, He invents stories for them. From time to time He also listens to them and touched by tenderness, before getting worked up into another fury, grants them the favor they're asking for. And a new miracle is performed on Earth.

LOS TRES DÍAS

El señor Jesús, rezan las Escrituras, estuvo tres días sepultado antes de que María Magdalena encontrase removida la losa de su sepulcro.

Durante esos tres días su cuerpo debió de mantenerse inmóvil bajo la pesada piedra, en estado de suspensión como Valdemar en el cuento de Poe, magnetizado entre la vida y la muerte.

Su alma no pudo quedar allí, naturalmente. Tampoco fue al Cielo, que es un lugar definitivo del que ni siquiera un Dios entra y sale a cada rato. Dicen los teólogos que descendió a los Infiernos, no a los del castigo eterno, sino al habitáculo provisorio, rancio y gris como el sótano de un edificio público, donde los justos de los tiempos pasados aguardaban la hora de su liberación.

Nobleza obliga. El señor Jesús se comportó como un juez eficaz y cumplió rápidamente su cometido. No tenía mucho que hablar con los justos antiguos, que no lo conocían, y los mandó derecho hacia Dios Padre. Lo hizo todo en un día, y aun le sobró tiempo.

En los otros dos días su alma divina y humana merodeó por la Tierra. Deseaba conocerla un poco mejor antes de ir a ocupar su sitio en las alturas. Primero se aventuró hacia destinos exóticos, como el otro lado del imperfecto globo, aunque nadie sospechaba todavía la existencia de un nuevo mundo tan grande como el viejo. Pero pronto desistió de la idea.

THE THREE DAYS

The Lord Jesus, say the Scriptures, was three days in the grave before Mary Magdalene was to discover the stone removed from his sepulcher.

During those three days his body must have remained immobile beneath the heavy rock, in a state of suspension like Valdemar in Poe's story, mesmerized between life and death.

His soul could not remain there, naturally. Nor did he go to Heaven, which is a determinate place that even a God does not pass in and out of all the time. Theologians say that he descended to Hell, not to those under eternal condemnation but to the provisional dwelling, stale and gray like the basement of a public building, where the just souls of past times awaited the hour of their liberation.

Noblesse oblige. The Lord Jesus conducted himself like a competent judge and swiftly fulfilled his commitment. Not having much to say to the just souls of antiquity, who didn't know Him, he sent them straight to God the Father. He did it all in one day and still had time left over.

In the other two days his divine and human soul gallivanted around the Earth. He wanted to get to know it somewhat better before going to occupy his place on high. First he ventured toward exotic destinations, such as the other side of the imperfect globe, although nobody yet suspected the existence of a new world as big as the old. But he soon desisted from the idea.

A su alma de hombre le importaban poco esos ignotos territorios, donde ningún afecto había dejado. Desde su nueva Morada podría verlos cuando quisiera, y en imagen panorámica.

Inadvertido y liviano, enfiló hacia su pueblo. Llegó un amanecer delicado y azul, húmedo aún de rocío, como si un Dios de buen humor acabara de imaginarlo. Entró en la casa de su infancia y encontró todo en los lugares acostumbrados: el telar de la madre, las brasas del hogar, todavía vivas, el aljibe en el medio del patio con el brocal de musgo, el muro bajo, de piedra caliza, parapeto de las batallas que solía jugar con sus hermanos y con los chicos del vecindario.

Sólo él no se halló, ya nunca niño.

Sentado entonces sobre el borde del pozo, lloró sus últimas lágrimas completamente humanas, expulsado, como Adán, de su Paraíso.

In his soul of a man he was little interested in those undiscovered territories, where he had left no effect. From his new Residence he could see them whenever he might wish, and in panoramic vision.

Unseen and light, he headed for his town. He arrived one delicate and blue early morning, still wet with dew, as if a good-humored God had just finished imagining it. He entered his childhood home and found everything in its accustomed place: his mother's loom; the coals of the hearth, still live; the cistern in the midst of the patio with moss-covered rim; the low limestone wall, rampart of battles he used to play at with his brothers and with the neighborhood boys.

Only himself did he not find, no longer ever a child. Seated then on the edge of the well, he cried his last completely human tears; cast out, like Adam, from his Paradise.

IGLESIAS

Dios tiene y ha tenido numerosas iglesias en el vasto mundo, que para Él es tan pequeño como uno de esos pisapapeles con paisajes donde la nieve vuelve a caer sobre los techos rojos no bien lo agita la mano de su dueño.

En algunos templos hay imágenes y cruces, en otros sólo luz y dibujos geométricos, o flores y perfumes que ascienden sobre escalinatas doradas al Lugar del Más Alto.

Dios, a veces, los recorre de noche, cuando las puertas están cerradas y los fieles se han ido y ya no se oye el rumor de las dispares lenguas que lo nombran. Se mira en el fulgor de esos espejos fragmentados sin acabar de reconocerse. Prefiere olvidar que desde esas gradas, desde esas escalinatas, desde esos coros, los bandos enemigos de las guerras más crueles lo invocan con descaro, prometiéndole a cambio de su ayuda sobornos de alabanza.

Pasea entonces, solitario, por la oscuridad de las galerías y los claustros, bajo los arquitrabes, las cúpulas y las bóvedas, los techos de pagoda, las columnatas y los pórticos, iluminándolo todo con Su Luz Propia. De cuando en cuando, se detiene frente a algunas bellezas que ni siquiera un Dios podría desdeñar, maravillado como un turista que visita, por fin, famosos lugares soñados largamente.

CHURCHES

God has and has had numerous churches in the vast world, which to Him is as small as those paperweights with landscapes where the snow falls again over red roofs just as soon as its owner shakes it.

In some temples there are images and crosses, in others only light and geometrical drawings, or flowers and fragrances which ascend golden flights of stairs to the Place of the Most High.

God, sometimes, tours them at night when the doors are closed, the faithful have gone, and the murmur of disparate languages that name Him is no longer heard. He looks in the brilliance of those fragmented mirrors without coming to recognize Himself. He prefers to forget that from those steps, from those flights of stairs, from those chancels or choir lofts, the enemy bands of the most cruel wars invoke Him brazenly, promising bribes of adulation in exchange for His help.

Then he strolls, alone, through the darkness of the galleries and cloisters, beneath architraves, domes, and vaults, colonnades, porticoes, and pagodas' roofs, illuminating it all with His Own Light. From time to time He stops in front of some works of beauty that not even a God could disdain, astonished as a tourist who is visiting, at last, famous places long imagined.

Cartas de Dios

Ya casi nadie recibe ni envía cartas postales. Se ha perdido el hábito de ir al correo, de pegar estampillas, de esperar una semana, quince días, un mes, hasta que los sobres completen su itinerario de ida y vuelta por oficinas y aduanas, por mar, por aire y por tierra en el mapa trabajoso de los países.

A los buzones de hierro o de madera en la puerta de las casas, sólo llegan publicidades y facturas de impuestos y servicios, alguna trasnochada tarjeta de Navidad, invitaciones impresas para acontecimientos festivos o solemnes.

A veces Dios, que ama ocultarse, decide enviar cartas a los humanos desprevenidos, firmadas con su autógrafo. La mayoría de sus sobres son arrojados a la basura, intactos, confundidos con propagandas de bancos o de viajes. Sólo algunos los abren, curiosos y risueños, pensando acaso en inventar algo parecido para sorprender a los hijos o los nietos que todavía creen en Papá Noel.

Nunca terminarán de arrepentirse. De allí en más vivirán aterrados, en perpetua sospecha, creyendo ver en cada cara, familiar o extraña, al enemigo que se escuda bajo el seudónimo divino y que en cualquier momento los amenazará con revelar los pecados inconfesables, las perversas pasiones que los avergüenzan.

LETTERS FROM GOD

Almost no one receives or sends letters by mail anymore. We have lost the fashion of going to the post office; of attaching stamps, of waiting a week, fifteen days, a month until the envelopes complete their itinerary of coming and going through offices and Customs; by sea, by air, and by land on the laborious map of countries.

To the iron or wooden mailboxes at the approach to houses, there only arrive advertisements and bills for taxes and services, some overdue Christmas card, printed invitations to festive or solemn occasions.

Sometimes God, who loves to dissemble, decides to send letters to unsuspecting humans, signed with his autograph. The majority of his envelopes are thrown in the trash, unopened, confused with promotions for banks or trips. Only a few open them, curious and smiling, thinking perhaps of inventing something similar to surprise their children or grandchildren who still believe in Father Christmas.

They will never cease to regret it. From then on they will live in terror, in perpetual suspicion, thinking they see in every face, familiar or unknown, the enemy who shields himself beneath the divine pseudonym and who at any moment will threaten them with revealing their unspeakable sins, the depraved passions that humiliate them.

El Buen Dios

El Buen Dios tiene media cara cortada por cicatrices, camina como un delincuente en fuga o un minusválido, contrahecho y escondido por los arrabales del sueño. Huye de las miradas perspicaces que podrían revelar su nueva fealdad a los fieles creyentes.

El Buen Dios ha perdido la guerra con el Diablo. Ha tenido que devolverle su resplandor angélico, su belleza que enceguecía como el azogue, su prestigio de divino mensajero.

Ahora Satán vive en los palacios perfumados donde estaba la Casa de Dios y exhibe su perfecta faz en las pantallas que multiplican Su Gloria por todos los planetas.

Al atardecer, cuando la luz se vuelve piadosa, con media cara vendada para que nadie pueda reconocerlo, el Buen Dios pide limosna de casa en casa, o vende baratijas en los trenes de los suburbios.

Su derrota es para siempre, o ha olvidado las esperanzas. La bondad es lo único que le queda.

THE GOOD GOD

The Good God has half His face carved up with scars, walks like a malefactor in flight or a disabled person, deformed and hidden on the edges of dream. He flees the shrewd glances that could reveal His new hideousness to faithful believers.

The Good God has lost the war with the Devil. He has had to return to him his angelic splendor, his beauty that blinded like quicksilver, his prestige of divine messenger.

Now Satan lives in the fragrant palaces where the House of God had been and shows his perfect face on screens that multiply His Glory through all the planets.

At nightfall, when the light becomes devout again, with half His face bandaged so nobody can recognize Him, the Good God begs for alms from house to house, or sells trinkets on suburban trains.

His defeat is forever or He has lost hope. Kindness is the only thing left to Him.

Dios es un carro viejo

Sentada a la mesa, cuando todos se han ido o no han llegado todavía, veo venir a Dios. Dios es un carro viejo, roto, que tambalea por momentos. Tiene una rueda más gastada que las otras y si la tierra de Buenos Aires no fuera desesperadamente llana, se habría despedazado en cualquier curva. Llega de todos modos, facilitado por la llanura, empujado por el viento que sopla de noche, y se detiene junto a la puerta del jardín del fondo para que bajen mis muertos.

Bajan cansados, indiferentes, como si no estuvieran aquí, como si no me viesen. Su castigo es no verme. Mi castigo es verlos. Les tiendo las manos y es inútil, no me tocan ni me huelen, sin embargo el cuarto se llena de su perfume ciego, quebradizo.

Esos muertos no hieden.

Son como las hojas que se han puesto a secar entre las páginas de un libro. Dejan una aureola de color ocre, la huella de una sombra que fue cuerpo. Las páginas que los contuvieron no se pueden leer. El sudor y los jugos de la vida trastornaron las letras, las enloquecieron, desvaídas, transversas, no sirven para nada, salvo como testigos, secos también, de aquella pulpa espesa.

Si Dios no fuera un carro viejo, tan viejo, me subiría a él. Me acostaría en el fondo de ese carro para que me llevase a ver la tierra donde parpadean las estrellas secretas, como ojos hundidos.

Pero Dios cruje, y golpea, y se partirá por el eje.

God Is an Old Cart

Seated at the table, when everyone has left or still not arrived, I see God coming. God is an old cart, worn out, continuously lurching. He has one wheel more exhausted than the others, and if the land of Buenos Aires weren't hopelessly flat, it would have broken into pieces at the slightest curve. Yet even so He arrives, facilitated by the plain, pushed along by the wind that blows in the night, and stops next to the backyard door so my dead can get out.

When they get out they're tired, indifferent, as if they weren't here, as if they didn't see me. Their anguish is not seeing me. My anguish is seeing them. I stretch out my hands to them and it's useless, they neither touch nor smell me, although the room fills with their blind, brittle perfume.

Those dead do not stink.

They are like leaves that have been placed to dry between a book's pages. They leave a halo the color of ocher, the trace of a shadow that once was body. The pages that contained them cannot be read. Life's sweat and juices disarranged the letters and drove them mad; faded, crosswise, they're no good for anything except as witnesses (also dry) of that thick pulp.

If God weren't an old cart, so very old, I would get into Him. I would lie down in the back of that cart so that maybe He would take me to see the land where, like shrunken eyes, the secret stars flicker.

But God rattles, knocks, and will break apart at the axle.

Me dejará en mitad de la pampa, sin rumbo. Nunca fui baqueana, soy torpe, lenta, miope como un animal insuficiente que cualquier puma liquidaría de un zarpazo. No sé descifrar otros signos que los escritos en los libros.

El carro cruje, golpea, se partirá por el eje.

Lo abandono en el jardín, arrumbado, que le crezcan enredaderas, que le trepen hormigas, que le hagan nidos los pájaros. El viento que sopla de noche se ha llevado los muertos, tan livianos son, tan inestables. Eran sólo un sueño –diré mañana–, eran un recuerdo en un sueño. Eran mi sueño de terror, para tenerme miedo. Y si el carro no estuviera aún en el fondo del jardín, si no fuera una ruina, un camino de hormigas, un racimo de nidales donde los pájaros despiertan, diría que también fue un sueño, una equivocación de la memoria, una prueba patética de la inexistencia divina.

He will leave me in the middle of the pampa, my bearings lost. I was never good with directions. I am awkward, slow, nearsighted like an inadequate animal that any puma would tear apart with a swipe of the claw. I only know how to decipher signs that are written in books.

The cart rattles, knocks, will break apart at the axle.

I abandon it in the yard, forsaken, for plants to grow up around it, ants to climb up on it, birds to make nests in it. The dead are so light, so unstable, that the wind that blows in the night has carried them away. They were just a dream (so I'll say tomorrow), they were a memory inside a dream. They were my dream of terror, for the sake of being scared. And if the cart weren't still at the end of the yard, if it weren't a wreck, a path for ants, a cluster of nests where birds awaken, I would say that it was also a dream, an error of memory, a pathetic proof of divine inexistence.

Las puertas del Cielo

Heaven's Doors

FALSA SUBIDA

Las subidas al Cielo de los seres humanos suelen ser trabajosas e incompletas. A excepción de los más audaces, que se lanzan en globos anticuados o en novedosos parapentes, el resto de la especie sólo asciende a las alturas en inmensos y poco aéreos aparatos ortopédicos.

Mal alimentados, mal dormidos, semisucios, presos en los cubículos de asientos siempre cortos y estrechos, ninguno de ellos pretende, en verdad, ingresar para siempre en ese territorio esquivo a la contemplación de los mortales. Saben que sólo la muerte es el pasaporte a esa aduana del más allá, y se resisten a pagarlo.

Por eso nunca ven nada, salvo nubes que restañan, como algodones, la herida torpe del avión en el aire.

False Ascent

Human beings' ascents to Heaven tend to be arduous and incomplete. With the exception of the most audacious, who launch themselves in antiquated balloons or in novel paragliders, the rest of the species only ascend to the heights in immense and none- too-aerial orthopedic apparatuses.

Poorly fed, poorly rested, half dirty, imprisoned in cubicles of short straight seats, none of them really pretend to pass forever into that territory so aloof to the contemplation of mortals. They know that only death is the passport to that Customs of the beyond, and they resist paying the price.

That's why they never see anything except clouds that stanch, like pieces of cotton, the plane's clumsy wound in the air.

TIERRA Y NUBES

Sobre las nubes hay otro país. Desde abajo se ven las casas, los castillos, las explanadas y las selvas, los esplendores de otro mundo donde la vida no tiene peso. Allá los pasos flotan como huellas dentro de un sueño y todas las cosas se agrupan o se dispersan, obedientes a las direcciones del deseo.

Acá la selva es húmeda y caliente y raja las pantorrillas con puñalitos verdes. Las ciudades tienen densidades espesas donde los cuerpos se estrellan y el sudor y la sangre se adhieren a las paredes. Acá las realidades son indómitas como potros duros, reacios a la mano de la voluntad. Acá la vida pesa hasta que se hunde en la tierra.

Y la tierra la cubre, la abraza, la devora.

EARTH AND CLOUDS

Above the clouds there is another country. From below are seen the houses, castles, esplanades, and jungles, the otherworldly splendors where life has no weight. Steps float there like footprints within a dream and all things gather or disperse, obedient to the directions of desire.

Here the jungle is hot and humid and slices at our calves with little green daggers. The cities have thick densities where bodies explode and where sweat and blood stick to the walls. Here realities are indomitable like stubborn colts, unwilling to submit to the hand's volition. Here life weighs until it sinks into the earth.

And the earth covers it, embraces it, devours it.

ORIFICIOS

Se dice que los muertos se comunican con los vivos por unos orificios pequeños como los agujeros de una flauta. Se dice que a través de ellos cantan y suspiran, como adolescentes enamoradas, y transmiten noticias del más allá.

Pero las comunicaciones son muy frágiles. Un aleteo de mariposa, un zumbido de abeja, la vibración de un teléfono móvil, bastan para desviarlas. Así, es factible que los suspiros de un espíritu, desenfocados y perdidos, lleguen a los deudos de cualquier otra persona o, incluso, a quienes todavía no han sufrido la desgracia de padecer un duelo. Por eso tantos niños tienen amigos imaginarios, o creen, simplemente, hallarse en contacto privilegiado con sus ángeles custodios.

Quién sabe lo que podrá salir de esos mensajes equivocados, por momentos quizás obscenos o simplemente indescifrables. Pero los muertos siguen insistiendo, nostálgicos, cribando el aire con sus redes sonoras, hasta que uno entre miles, o entre millones, acierta con su destinatario.

Entonces se enciende sobre su cabeza una luz muy pequeña, como de luciérnaga, invisible para cualquier ojo humano. Sólo desde el Cielo es posible seguirla y celebrarla entre la multitud de los extraños, como los náufragos celebran el faro en la costa perdida y nuevamente amiga.

ORIFICES

It is said that the dead communicate with the living through small orifices like the holes in a flute. It is said that through them they sing and sigh, like adolescents in love, and transmit news from the beyond.

But the communications are very fragile. A fluttering of a butterfly, a buzzing of a bee, the vibration of a mobile phone are enough to deflect them. In that way it is feasible that a spirit's sighs, out of focus and lost, might come to the relatives of any other person, even to those who still haven't suffered the misfortune of enduring a sorrow. That's why so many children have imaginary friends or simply believe to find themselves in privileged contact with their guardian angels.

Who knows what might come of those mistaken messages, often perhaps obscene or simply indecipherable. But the dead, nostalgic, continue insisting, sifting the air with their sonorous webs, until one among thousands (or among millions) finds its addressee.

Then over their heads is lit a very small light, like a firefly's, invisible to any human eye. Only from Heaven is it possible to follow it and celebrate it among the multitude of strangers, as the shipwrecked celebrate the lantern on the lost and again friendly shore.

Peregrinos

Algunas puertas del Cielo parecen sólo bellas puertas de catedral, de madera labrada como filigrana de encaje, con hojas y ramas del gótico florido. Pero sus frutos no caen en las manos del que llega ni consuelan las bocas con su textura húmeda.

Las puertas quedan cerradas, inexpugnables, exhibiendo descaradamente al caminante su selva ornamental, que no será el amparo de sus noches ni el solaz de sus días. Contra las puertas, a poca altura sobre el nivel del suelo, se congrega una pequeña población de peregrinos, sedimentados a lo largo de los años como capas geológicas.

¿Se quedan por aburrimiento, por cansancio, por comodidad, por desidia, porque aún conservan la remota esperanza de entrar alguna vez? Ellos se limitan a extender la mano, desconocidos, indiscernibles de los pordioseros habituales, los que mendigan ante esas puertas como si fuesen las de una iglesia cualquiera.

A veces, los que pasan al lado en busca de otras metas por el mundo diverso, les dan unas monedas sin mirarlos dos veces.

Pilgrims

Some of Heaven's doors seem like no more than the doors of beautiful cathedrals, made of wood carved like a delicate piece of lace, with leaves and branches of flowery Gothic. But their fruits do not fall in the hands of those who arrive nor console their mouths with their moist texture.

The doors remain closed, impregnable, shamelessly displaying to wanderers their ornamental jungle, which will be neither the comfort of their days nor the shelter of their nights. Against the doors, at little distance above ground level, congregates a small population of pilgrims, deposited across the stretch of years like geological strata.

Do they stay out of boredom, exhaustion, convenience, indolence? Or because they still maintain the remote hope of sometime entering? They limit themselves to holding out a hand, ignored, indiscernible from habitual mendicants who beg before those doors as if they belonged to just any church.

Sometimes those who pass by, in pursuit of other goals through the diverse world, give them a few coins without paying them a second glance.

El gran rey

Dicen que hace mil años llegó un gran rey a las Puertas del Cielo con todo su ejército. El rey se había vestido como corresponde, con pompa y majestad: una corona de oro macizo con piedras gruesas como huevos de avestruz y una capa de armiño y terciopelo bordada con escenas de caza por veinte doncellas costureras.

Los hombres de su ejército estaban cansados. Habían dado feroces batallas en nombre del Señor de todos los ejércitos y de la fe verdadera. Muchos de ellos, quizás la mayoría, no deseaban entrar al Cielo. Hubieran preferido volver a su casa, junto a las mujeres y a los hijos que habían dejado lejos. A veces, ni siquiera eran una mujer o un hijo los que llamaban su nostalgia, sino el perro viejo que seguiría esperándolos, o el rincón escondido y secreto, entre un arroyo errátil y un bosquecito hundido, donde habían jugado siendo niños.

Pero el soberano era, en esto, inflexible. No podía presentarse ante el Rey de Reyes sin súbditos ni seguidores. Si no hubieran estado tan distantes, habría mandado traer, incluso, a las mujeres, los niños y los ancianos que habitaban sus tierras, para ofrecerlos al Que Todo lo Puede como una propiedad y también como una muestra de su gloria terrena.

Una vez ante las Puertas el rey se detuvo y oró, inclinando la cabeza, pero sin bajar del caballo. Nadie respondió a su plegaria, lo que era previsible, porque Dios es mudo la mayor parte del tiempo, y sólo unos pocos santos o profetas pueden jactarse de haber oído de primera mano Su Palabra. Pero tampoco las Puertas se abrieron, lo cual le pareció tan descortés como inaudito.

THE GREAT KING

They say that a thousand years ago a great king arrived at the Doors of Heaven with his entire army. The king had dressed as befit him, with pomp and majesty: a crown of solid gold with thick stones like ostrich eggs and a cape of ermine and velvet embroidered with scenes of the hunt by twenty virgin seamstresses.

The men of his army were tired. They had given fierce battles in the name of the Lord of all armies and of the true faith. Many of them, perhaps the majority, did not want to enter Heaven. They would rather have returned to their homes, next to the women and children they had left far away. Sometimes it wasn't even a woman or a child that summoned their nostalgia, but an old dog that would continue waiting for them; or a hidden secret corner, between an erratic stream and a sunken little forest, where they had played as children.

But the sovereign was, in that matter, inflexible. He could not present himself before the King of Kings without subjects or followers. If they had not been so distant he would even have sent for the women, children, and elderly who inhabited his lands, in order to offer them up to the All Powerful as a possession and also a proof of his earthly glory.

Once before the Doors the king stopped and prayed, bowing his head, but without dismounting from the horse. No one responded to his petition, which was foreseeable since God is mute the greater part of the time and only a few saints or prophets can boast of having heard His Word firsthand. But nor did the Doors open, which seemed to him as discourteous as unheard-of.

Después de rezar otras dos veces y con el mismo resultado, el rey comenzó a levantar su voz humana casi insensiblemente, hasta que el murmullo del rezo se transformó en un grito y la súplica, en orden.

Por fin, se cansó de esperar y embistió las Puertas con los cascos del caballo de pelea sobre el que estaba montado. La superficie de la madera se ablandó como el agua de un lago profundo. El rey enfurecido se hundió y volvió a flotar en la superficie fibrosa, ya inmóvil sobre su caballo, perdido, como un grabado más, entre los rizos de la madera oscura.

Solamente los ojos le quedaron vivos, y con ellos mira, desde hace mil años, hacia la llanura por donde se fueron sus hombres, uno a uno, mientras las patas de su caballo golpeaban, ciegas, las Puertas celestiales.

After praying twice more and with the same result, the king began to raise his human voice almost imperceptibly, until the prayer's murmur was transformed into a shout and the supplication into an order.

At last he grew tired of waiting and stormed the Doors with the hooves of the warhorse on which he was mounted. The wood's surface became soft like the water of a deep lake. The enraged king sank and again floated on the fibrous surface, by now immobile on top of his horse; lost, like one more engraving, between the dark wood's ridges.

Only his eyes remained alive, and for the past thousand years he has been looking with them toward the plain whereby his men departed, one by one, while his horse's legs knocked blindly at the heavenly Doors.

LAS LLAVES DEL REINO

Las llaves del Reino son múltiples y buena parte de ellas ni siquiera parecen llaves. Algunas tienen forma de animales temibles o grotescos. Una víbora de coral, que muerde la mano del que intenta capturarla, o un sapo cancionero con el vientre abombado por músicas nocturnas, que aturde a sus perseguidores en los laberintos de pantanos o estanques. Otras sí lo parecen aunque resultan, en todo caso, despreciables: llavecitas minúsculas, colgadas de una cinta rosa, propias de los cuadernos donde las nenas que recién han aprendido a escribir apuntan sus íntimos secretos y que ningún sabio ni asceta tomaría seriamente en cuenta.

Las llaves del Reino son caprichosas y solitarias. Resisten a los buscadores tenaces, pero suelen aparecerse de pronto en las manos de un cualquiera, que nunca las ha visto dibujadas en un libro de estudio, que ni aun ha sospechado su existencia y que, naturalmente, tampoco las usará para su fin preciso.

Muchas llaves del Reino han terminado, así, abandonadas en cajones de escritorios o arrojadas a cestos de basura en rachas de limpieza doméstica, o sumergidas en una alcantarilla, o embalsamadas (cuando de animales se trata), en las vitrinas de un museo.

Dicen las Escrituras que un día una llave del Reino dará con su buscador o buscadora y que éstos la reconocerán, aunque no hay certeza de que alguno de ellos sepa dónde encontrar la Puerta de esa llave huidiza.

THE KEYS OF THE KINGDOM

The keys of the Kingdom are multiple and a good portion of them don't even look like keys. Some have the form of frightful or grotesque animals. A coral snake, which bites the hand of whoever tries to capture it, or a singing toad with its belly bulging with nocturnal music, which confuses its pursuers in the labyrinths of marshes or ponds. Others do resemble them, though they turn out, in any case, to be negligible: minuscule little keys hanging from a pink ribbon, typical of the notebooks where girls who have recently learned to write record their intimate secrets and which no sage or ascetic would seriously take into account.

The keys of the Kingdom are capricious and solitary. They withstand tenacious seekers but tend to suddenly appear in the hands of some ordinary person, who has never seen them sketched in a scholarly book, who has not even suspected their existence and who, naturally, will also fail to use them for their precise end.

Many keys of the Kingdom have ended up, in this manner, abandoned in desk drawers or, in fits of housecleaning, thrown in trashcans, or washed down a drain, or embalmed (when animals are concerned) behind the display cases of a museum.

Scriptures say that one day a key of the Kingdom will find its seeker and that he or she will recognize it, although there is no certainty that any one of them will know where to find that elusive key's Door.

FUERA DEL JUEGO

Los muertos desfilan sin interrupción en una jornada infinita bajo el umbral del Cielo. A pie, o llevados en brazos o en andas, desde niños de pecho hasta ancianos en silla de ruedas, llegan para curarse del mal de la vida, como los peregrinos van a la fuente de los milagros.

Cargan sus cuerpos injuriados y rotos, heridos por otros hombres o por la violencia de la enfermedad y la vejez. Traen sus memorias laceradas, que se abren como llagas a flor de piel, supuran bajo las ropas, florecen, plantas carnívoras, en las habitaciones de sus sueños. Traen sus conciencias de animales anómalos, estrelladas contra sus límites.

No pudieron ser otra cosa que humanos, encerrados en la cárcel de su condición.

Devuelven al Hacedor sus restos mortales y le reclaman otra vida posible, libres de la tortura de ese juego enigmático.

OUTSIDE THE GAME

The dead march without interruption on an infinite journey beneath Heaven's threshold. On foot, carried along in arms or on stretchers, from suckling children to the elderly in wheelchairs, they arrive in order to be cured of life's evil as pilgrims go to the fountain of miracles.

They bear their injured and broken bodies, wounded by other men or by the violence of disease and old age. They bring their lacerated memories, which open like sores at skin level, discharging pus beneath articles of clothing, carnivorous plants flowering in the habitations of dreams. They bring their consciousness of anomalous animals, exploded against their boundaries.

They were not able to be anything else than humans, enclosed in the prison of their condition.

They return their mortal remains to the Maker and lay claim to another possible life, free of the torture of that enigmatic game.

El Cielo

Heaven

Desierto

Si el Cielo fuera un desierto, si fuera caminar y caminar por planicies de seda blanca, bebiendo el viento, Dios sería la gota de agua escondida en la tuna, la palma fresca, oscura, sobre la seca fiebre.

Desert

If Heaven were a desert, if it were a question of walking and walking along plains of white silk, drinking the wind, God would be the drop of water hidden in the prickly pear, the cool, dark palm above the dry fever.

NACER

Si el Cielo fuera nacer, si naciéramos a la claridad del Cielo como quien viene de la tiniebla y el secreto, si despertáramos a la luz incomprensible, Dios sería la leche de madre que mana del pecho, la que sacia como nada sació ni saciará, la que cura, la que calma, la que fluye, invisible, bajo el resplandor hiriente.

BIRTH

If Heaven were a birth, if we were born to the clarity of Heaven like someone coming from gloom and secrecy, if we were to awaken to incomprehensible light, God would be the mother's milk flowing from the breast, that which sates like nothing ever sated or will sate, which heals, which calms, which streams, invisible, beneath the piercing splendor.

El hermano menor

En memoria de Jorge Luis Beuter

El hermano menor aparece en tus sueños, despreocupado y radiante. Ya no tiene sangre en las ropas, ni marcas en la cara o en el cuerpo. El cráneo se le ha soldado como si estuviera hecho de la materia elástica y aún modificable de los huesos infantiles.

Lleva sus ropas comunes de trabajo, pero silba y canta una canción maravillosa que nunca recordarás cuando te despiertes. Se sienta sobre una pared baja, balancea las piernas, hace señas con la mano, como quien sabe que seguirá próximo y a la vez intangible, resignado a la mera ilusión de cercanía.

—Allá están todos bien— le habías dicho, sin poder tocarlo.

—Ya sé que están bien.

—¿Y vos? ¿Cómo es ahí?

El hermano menor sonríe como ya no sabía sonreír.

—Ningún problema. ¡Un jardín de infantes! Luego nos vemos.

Agita la mano y el aire lo remonta con su canción, ligero y luminoso como un globo encendido.

The Younger Brother

In memory of Jorge Luis Beuter

The younger brother appears in your dreams, nonchalant and radiant. He no longer has blood on his clothes, nor marks on his face or on his body. His cranium has been soldered as if it were made of elastic material and even transmutable from a child's bones.

He is wearing his common work clothes, but he whistles and sings a marvelous song that you'll never remember when you awake. He sits down on a low wall, swinging his legs, making signs with his hand, like someone who knows he will continue being near and at the same time intangible, resigned to the mere illusion of closeness.

"Everyone's doing well over there," you said, unable to touch him.

"I know that already."

"And you? What's it like there?"

The younger brother smiles as he had no longer known how to smile.

"No problem. A kindergarten. We'll see each other later."

He waves his hand and the air lifts him up with his song, light and luminous like a lit balloon.

ALGÚN DÍA

Algún día, en el Cielo, mi hermano se verá entero en el espejo y el enemigo de sí mismo ya no asomará por sus ojos. No se refugiará en paisajes de alcohol y cocaína para salvarse del terror de vivir, ni el vacío vampiro lo atacará a traición para mostrarle la cara de la Nada.

No nos encontraremos en salas de hospital, no caminaremos por los largos pasillos donde sopla el viento, siempre devueltos al centro del laberinto.

Saldremos hacia Dios.

No habrá afuera ni adentro. No habrá hogar ni intemperie, porque todo Dios Madre será la tierra patria.

No habrá preguntas, sólo habrá respuestas.

Algún día, mi hermano loco será el confidente de la locura de Dios.

SOMEDAY

Someday, in Heaven, my brother will see himself whole in the mirror and his own enemy will no longer loom in his eyes. He won't seek refuge in landscapes of alcohol and cocaine in order to save himself from the terror of living, nor will the vampiric void treacherously attack him in order to reveal the face of Nothingness.

We won't meet each other in hospital rooms, we won't walk through long corridors where the wind blows, always brought back to the center of the labyrinth.

We'll take off walking toward God.

There won't be outside or inside. There won't be hearth or inclemency, because all Mother God will be the fatherland.

There won't be questions, there will only be answers.

Some day my mad brother will be the confidant of God's madness.

Este es el bosque

Cuando llego, jadeante, mi padre está esperándome sentado sobre un tronco. El aire se había puesto oscuro y empañado un instante atrás, pero aquí, bajo los arcos verdes, la luz tiene un espesor de miel y sólo se respira un oxígeno burbujeante y diáfano.

Me siento junto a él. Está tan delgado como cuando murió, pero los ojos vivos contradicen su cuerpo.

—Papá, decíamos ayer que la vida es una herida absurda.

—Ésas son cosas de los tangos, hija. Aquí nadie vive en vano. Éste es el bosque.

—Pero decíamos que la vida es una pasión inútil.

—Ésas son cosas de Sartre. Aquí no hay pasiones, aquí nada es inútil, aquí cada vida sirve a su función. Éste es el bosque.

Y su brazo —apenas un hueso con las venas tatuadas— agrupa en un solo gesto los robles y los castañares, los pinos y los eucaliptos, los musgos y los líquenes, las espinas del *toxo*.

—Pero nacemos y morimos y es como si no hubiéramos vivido y somos apenas hojarasca que se pudre bajo los pies que pasan.

—Aquí nada se pierde y todo se transforma. Aquí nada muere. Somos la gente de la tierra, las criaturas del árbol, la semilla que florece sin fin. Éste es el bosque.

THIS IS THE FOREST

When I arrive, breathless, my father is seated on a trunk waiting for me. The air an instant earlier had become dark and misty, but here, beneath the green arches, the light has a honeyed density and one only breathes a bubbly diaphanous oxygen.

I sit down next to him. He is as thin as when he died, but his lively eyes contradict his body.

"Papá, yesterday we used to say life is an absurd wound."

"That's the stuff of tangos, daughter. Here no one lives in vain. This is the forest."

"But we said life is a useless passion."

"That's what Sartre would say. Here there are no passions, here nothing is useless, here every life serves its purpose. This is the forest."

And his arm (little more than a bone with tattooed veins) gathers, in a single gesture, the oaks and chestnut groves, the pines and eucalyptuses, the mosses and lichens, the thorns of the *toxo*.*

"But we're born and we die and it's as if we hadn't lived and are little more than fallen leaves rotting beneath passing feet."

"Here nothing is lost and all is transformed. Here nothing dies. We are the people of the land, the creatures of the tree, the seed that flowers endlessly. This is the forest."

---

*ature and *Toxo*, from the Spanish Galician language of the author's father, is a type of rush used for fodder for animals and, when dried, good for making hats and brooms. Her father, having fought on the Republican side during the Spanish Civil War, exiled himself to Argentina and was never able to return to the idealized Galician forests of his youth.

El olor del Cielo

Un día por año, durante una hora, es posible abrir la puerta del Cielo. El único requisito es estar atento para percibir el resplandor muy leve que dibuja en la pared de enfrente los contornos delicados y precisos de una puerta.

Hay que empujarla con las dos manos y apoyar después todo el cuerpo, suavemente. Se sabe que uno ha entrado sólo por el olor del Cielo, que es peculiar e inolvidable y no se parece a ninguno de los olores de la Tierra, ni siquiera al jazmín del Cabo o a la algalia, o al clavel suntuoso o a las rosas de Cádiz, o al almizcle.

No es posible recordar nada más porque el olor del Cielo marea y desmaya, confunde y oblitera todos los otros sentidos. Nadie puede relatar, por tanto, su visita al Cielo porque su único recuerdo es un olor, y éste es indescriptible, e imperceptible para todos los demás seres humanos. Pero sí puede presentar la prueba, porque detrás del visitante se alinean los gatos y olfatean con adoración al que regresa del Cielo y maúllan, despechados, a la luna que nunca baja, que siempre está demasiado lejos para olerla.

Heaven's Aroma

One day per year, for an hour, it is possible to open the door of Heaven. The only requirement is to be alert in order to perceive the very light splendor that sketches on the wall the delicate, precise contours of a door.

One has to push it with two hands and then lean in with one's whole body, softly. It is known that one has entered only by Heaven's aroma, which is peculiar and unforgettable and does not resemble any of the Earth's smells, not even the Cape's jasmine or the abelmosk, or the sumptuous carnation or Cádiz's roses, or musk.

It is impossible to remember anything else because Heaven's aroma dizzies and causes one to faint, confuses and obliterates all other senses. No one, therefore, can relate his or her visit to Heaven because the only memory is an aroma, and this is indescribable and imperceptible to all other human beings. But one *can* offer a test, because cats line up behind the visitor and adoringly sniff the one returning from Heaven and meow, vexed, at the moon which never comes down, which is always too far away to smell.

Agradecimientos para *Historias del Cielo*

Las siguientes traducciones aparecieron primero en estas revistas:

Rosebud: "Windows," "Those Whom No One Awaits," "Where the Kingdom Is," "Life and Death," and "Lost Objects."

Cosumnes River Journal: "Sketches."

The Cincinnati Review: "False Ascent," "Earth and Clouds," "Pilgrims," "The Keys of the Kingdom," and "Heaven's Aroma."

Acknowledgments for *Heaven Stories*

The following translations appeared first in these magazines:

Rosebud: "Windows," "Those Whom No One Awaits," "Where the Kingdom Is," "Life and Death," and "Lost Objects."

Cosumnes River Journal: "Sketches."

The Cincinnati Review: "False Ascent," "Earth and Clouds," "Pilgrims," "The Keys of the Kingdom," and "Heaven's Aroma."

Acerca de la autora

María Rosa Lojo (1954) es una poeta, narradora e investigadora argentina. Doctora en Letras por la Universidad de Buenos Aires, alcanzó la categoría de Investigadora Principal en el Consejo Nacional de Investigaciones Científicas y Técnicas de su país. Es directora del Centro de Ediciones y Estudios Críticos de Literatura Argentina en la Universidad del Salvador (Argentina) y profesora en la misma universidad. Fue electa miembro correspondiente de la Academia Norteamericana de la Lengua Española y Miembro de Honor de la Real Academia Gallega.

Su obra poética, traducida a varios idiomas, incluye cuatro libros de microficciones líricas compiladas en *Bosque de Ojos* (2011), *El Libro de las Siniguales y del único Sinigual* (2016), álbum ilustrado con imágenes de Leonor Beuter y *Los brotes de esta tierra* (en prensa, 2022). Su narrativa comprende nueve novelas y cinco libros de cuentos. Fue traducida a varios idiomas. Recibió, entre otros, el Primer Premio de Poesía de la Feria Internacional del Libro de Buenos Aires 1984, el Primer Premio Municipal de Narrativa de Buenos Aires, el Premio de Cuento y el de Novela del Fondo Nacional de las Artes, el Premio del Instituto Literario y Cultural Hispánico de California, el Premio Kónex, el Premio Internacional de Poesía Antonio Viccaro (Canadá). Su trayectoria fue reconocida con el Gran Premio de Honor de la Sociedad Argentina de Escritores (2018), el Gran Premio de Honor de la Fundación Argentina para la Poesía (2020) y la Medalla Europea de Poesía y Arte Homero (Bruselas, 2021).

ABOUT OF THE AUTHOR

María Rosa Lojo (1954) is an Argentine poet, narrator, and researcher. Doctor of Letters from the Universidad de Buenos Aires, she obtained the level of Head Researcher at the National Scientific and Technical Research Council of her country. She is director of the Center of Editions and Critical Studies of Argentine Literature at the Universidad del Salvador (Argentina), and professor at the same university. She was elected a corresponding member of the North American Academy of the Spanish Language, and a Honorary Member of the Royal Galician Academy.

Her poetic work includes four books of lyrical microfictions compiled in *Bosque de ojos* (*Forest of Eyes*) (2011); *El Libro de las Siniguales y del único Sinigual* (*The Book of the Unequaled Ones and of the Only Male Unequaled One*), (2016), illustrated album with images by Leonor Beuter; and *Los brotes de esta tierra* (*The Buds of This Land*), (at press, 2022). She has been translated into various languages. She has received, among others, the 1984 First Prize for Poetry of the Buenos Aires International Book Fair; the First Municipal Prize for Narrative of Buenos Aires; the Prize for Story and for Novel of the National Fund of the Arts; the Prize of the Hispanic Literary and Cultural Institute of California; the Kónex Prize; and the Antonio Viccaro International Prize of Poetry (Canada). The full trajectory of her work was recognized by the Grand Prize of Honor of the Argentine Society of Writers (2018), the Grand Prize of Honor of the Argentine Foundation for Poetry (2020), and the Homer European Medal of Poetry and Art (Brussels, 2021).

ACERCA DEL TRADUCTOR

Brett Alan Sanders es un escritor, traductor literario, y profesor de secundario jubilado que vive en Tell City, Indiana. Tiene licentiatura en Español de Indiana University y una maestría en Estudios Liberales por la University of Southern Indiana. Ha publicado ficción y ensayos originales así como traducciones al español en varias revistas literarias en EE.UU. y en el extrajero, incluso ensayos en español en *Revista Letra Urbana*, y un ensayo en inglés (y traducido a la lengua común de Bosnia, Croatia, Montenegro, y Serbia) en la revista literaria *Hourglass*. Sus libros publicados incluyen *The Captive and the Prince: Tales of Freedom and Courage* (Per Bastet Publications, 2021); *Confabulating with the Cows: Wit, Whimsy, and Occasional Wisdom from Perry County, Indiana: 1992-94* (Per Bastet Publications, 2017); dos traducciones de la obra de la escritora bonaerense María Rosa Lojo: una edición bilingüe de su colección de poesía en prosa *Esperan la mañana verde* (*Awaiting the Green Morning*, Host Publications, 2008) y la novela *La pasión de los nómades* (*Passionate Nomads*, Aliform Publishing, 2011); y la edición bilingüe de la edición bilingüe del tributo a Walt Whitman del escritor americano Luis Alberto Ambroggio: *Todos somos Whitman/We Are All Whitman* (Arte Público Press, 2016).

ABOUT OF THE TRANSLATOR

Brett Alan Sanders is a literary translator, writer, and retired teacher living in Tell City, Indiana. He earned a BA in Spanish from Indiana University and a Master of Arts in Liberal Studies (MALS) from the University of Southern Indiana. He has published original fiction and essays as well as translations from Spanish in a number of literary journals in the U.S. and abroad, including essays, in Spanish, at the online journal *Revista Letra Urbana*, and an English-language essay (with translation in the common language of Bosnia, Croatia, Montenegro, and Serbia) in *Hourglass Literary Magazine*. His published books include *The Captive and the Prince: Tales of Freedom and Courage* (Per Bastet Publications, 2021); *Confabulating with the Cows: Wit, Whimsy, and Occasional Wisdom from Perry County, Indiana: 1992-94* (Per Bastet Publications, 2017); two translations from the work of Buenos Aires writer María Rosa Lojo: a bilingual edition of her prose poetry collection *Esperan la mañana verde* (*Awaiting the Green Morning*, Host Publications, 2008) and the novel *La pasión de los nómades* (*Passionate Nomads*, Aliform Publishing, 2011); and the bilingual edition of Argentine American author Luis Alberto Ambroggio's tribute to Walt Whitman: *Todos somos Whitman/We Are All Whitman* (Arte Público Press, 2016).

Índice/Index

Historias del Cielo/*Heaven Stories*

Imaginar el Cielo · 10
Imagining Heaven · 11

Paradojas, destiempos
Paradoxes. Bad Timing

Lo que no pasa en ese no lugar · 18
What Does not Happen in that Non-Place · 19
Los Santos Inocentes · 20
The Holy Innocents · 21
Los niños tontos · 22
Feeble-Minded Children · 23
Madres e hijos · 24
Mothers and Children · 25
La madre, la hija · 26
Mother, Daughter · 27
Ventanas · 30
Windows · 31
Los que nadie espera · 32
Those Whom No One Awaits · 33
Dónde está el Reino · 34
Where the Kingdom Is · 35
Vida y muerte · 36
Life and Death · 37
Objetos perdidos · 38
Lost Objects · 39

La inmensa sombra · 40
The Immense Shadow · 41
Dibujos · 42
Sketches · 43
Fuego sagrado · 44
Sacred Fire · 45
La belleza espantosa · 46
Frightful Beauty · 47

Dicen los Maestros
Say the Teachers

Sobre la infinita negatividad de la vida · 50
On Life's Infinite Negativity · 51
Dijo Mira Más Lejos (*circa* 1800-1890), chamán ranquel · 52
Said Looks Farther Away (circa 1800-1890), Ranquel Shaman · 53
Dijo Teresa (1515-1582) · 54
Said Teresa (1515-1582) · 55
Dijo Mira Más Lejos · 56
Said Looks Farther Away · 57
Dijo Lázaro, que volvió de los muertos · 58
Said Lazarus, Who Returned from among the Dead · 59
Dijo el Rey Ubú · 60
Said King Ubú · 61
Dijo el poeta sufí · 62
Said the Sufi Poet · 63

Cosas de Dios
God's Affairs

El Mal Dios · 66
The Bad God · 67
Los mansos · 68
The Meek · 69
Santitos · 70
Little Saints · 71
Los tres días · 74
The Three Days · 75
Iglesias · 78
Churches · 79
Cartas de Dios · 80
Letters from God · 81
El Buen Dios · 82
The Good God · 83
Dios es un carro viejo · 84
God Is an Old Cart · 85

Las puertas del Cielo
Heaven's Doors

Falsa subida · 90
False Ascent · 91
Tierra y nubes · 92
Earth and Clouds · 93
Orificios · 94
Orifices · 95
Peregrinos · 96
Pilgrims · 97

El gran rey · 98
The Great King · 99
Las llaves del Reino ·102
The Keys of the Kingdom ·103
Fuera del juego ·104
Outside the Game ·105

El Cielo
Heaven

Desierto ·108
Desert ·109
Nacer ·110
Birth ·111
El hermano menor ·112
The Younger Brother ·113
Algún día ·114
Someday ·115
Este es el bosque ·116
This Is the Forest ·117
El olor del Cielo ·118
Heaven's Aroma ·119

Agradecimientos para *Historias del Cielo* ·120
Acknowledgments for Heaven Stories ·121

Acerca de la autora ·124
About of the Author ·125
Acerca del traductor ·126
About of the Translator ·127

Colección
PREMIO INTERNACIONAL DE POESÍA
NUEVA YORK POETRY PRESS

1
Idolatría del huésped / Idolatry of the Guest
César Cabello

2
Postales en braille / Postcards in Braille
Sergio Pérez Torres

3
Isla del Gallo
Juan Ignacio Chávez

4
Sol por un rato
Yanina Audisio

5
Venado tuerto
Ernesto González Barnert

6
La marcha de las hormigas
Luis Fernando Rangel

7
Mapa con niebla
Fabricio Gutiérrez

8
Los Hechos
Jotaele Andrade

Colección
CUARTEL
Premios de poesía
(Homenaje a Clemencia Tariffa)

1
El hueso de los días
Camilo Restrepo Monsalve

-

V Premio Nacional de Poesía
Tomás Vargas Osorio

2
Habría que decir algo sobre las palabras
Juan Camilo Lee Penagos

-

V Premio Nacional de Poesía
Tomás Vargas Osorio

3
Viaje solar de un tren hacia la noche de Matachín
(La eternidad a lomo de tren) /
Solar Journey of a Train Toward the Matachin Night
(Eternity Riding on a Train)
Javier Alvarado

-

XV Premio Internacional de Poesía
Nicolás Guillén

4
Los países subterráneos
Damián Salguero Bastidas

-

V Premio Nacional de Poesía
Tomás Vargas Osorio

5
Las lágrimas de las cosas
Jeannette L. Clariond
-
Concurso Nacional de Poesía
Enriqueta Ochoa 2022

6
Los desiertos del hambre
Nicolás Peña Posada
-
V Premio Nacional de Poesía
Tomás Vargas Osorio

Colección
PARED CONTIGUA
Poesía española
(Homenaje a María Victoria Atencia)

1
La orilla libre / The Free Shore
Pedro Larrea

2
*No eres nadie hasta que te disparan /
You are nobody until you get shot*
Rafael Soler

3
Cantos : & : Ucronías / Songs : & : Uchronies
Miguel Ángel Muñoz Sanjuán

4
13 Lunas 13 / 13 Moons 13
Tina Escaja

5
Las razones del hombre delgado
Rafael Soler

6
Carnalidad del frío / Carnality of Cold
María Ángeles Pérez López

Colección
VIVO FUEGO
Poesía esencial
(Homenaje a Concha Urquiza)

1
Ecuatorial / Equatorial
Vicente Huidobro

2
Los testimonios del ahorcado (Cuerpos siete)
Max Rojas

Colección
CRUZANDO EL AGUA
Poesía traducida al español
(Homenaje a Sylvia Plath)

1
The Moon in the Cusp of My Hand /
La luna en la cúspide de mi mano
Lola Koundakjian

2
Sensory Overload / Sobrecarga sensorial
Sasha Reiter

Colección
PIEDRA DE LA LOCURA
Antologías personales
(Homenaje a Alejandra Pizarnik)

1
Colección Particular
Juan Carlos Olivas

2
Kafka en la aldea de la hipnosis
Javier Alvarado

3
Memoria incendiada
Homero Carvalho Oliva

4
Ritual de la memoria
Waldo Leyva

5
Poemas del reencuentro
Julieta Dobles

6
El fuego azul de los inviernos
Xavier Oquendo Troncoso

7
Hipótesis del sueño
Miguel Falquez Certain

8
Una brisa, una vez
Ricardo Yáñez

9
Sumario de los ciegos
Francisco Trejo

10
A cada bosque sus hojas al viento
Hugo Mujica

11
Espuma rota
María Palitachi (Farazdel)

12
Poemas selectos / Selected Poems
Óscar Hahn

13
Los caballos del miedo / The Horses of Fear
Enrique Solinas

14
Del susurro al rugido
Manuel Adrián López

15
Los muslos sobre la grama
Miguel Ángel Zapata

16
El árbol es un pueblo con alas
Omar Ortiz

17
Demasiado cristal para esta piedra
Rafael Soler

Colección
MUSEO SALVAJE
Poesía latinoamericana
(Homenaje a Olga Orozco)

1
La imperfección del deseo
Adrián Cadavid

2
La sal de la locura / Le Sel de la folie
Fredy Yezzed

3
El idioma de los parques / The Language of the Parks
Marisa Russo

4
Los días de Ellwood
Manuel Adrián López

5
Los dictados del mar
William Velásquez Vásquez

6
Paisaje nihilista
Susan Campos Fonseca

7
La doncella sin manos
Magdalena Camargo Lemieszek

8
Disidencia
Katherine Medina Rondón

9
Danza de cuatro brazos
Silvia Siller

10
Carta de las mujeres de este país / Letter from the Women of this Country
Fredy Yezzed

11
El año de la necesidad
Juan Carlos Olivas

12
El país de las palabras rotas / The Land of Broken Words
Juan Esteban Londoño

13
Versos vagabundos
Milton Fernández

14
Cerrar una ciudad
Santiago Grijalva

15
El rumor de las cosas
Linda Morales Caballero

16
La canción que me salva / The Song that Saves Me
Sergio Geese

17
El nombre del alba
Juan Suárez

18
Tarde en Manhattan
Karla Coreas

19
Un cuerpo negro / A Black Body
Lubi Prates

20
Sin lengua y otras imposibilidades dramáticas
Ely Rosa Zamora

21
El diario inédito del filósofo vienés Ludwig Wittgenstein /
Le Journal Inédit Du Philosophe Viennois Ludwig Wittgenstein
Fredy Yezzed

22
El rastro de la grulla / The Crane's Trail
Monthia Sancho

23
Un árbol cruza la ciudad / A Tree Crossing The City
Miguel Ángel Zapata

24
Las semillas del Muntú
Ashanti Dinah

25
Paracaidistas de Checoslovaquia
Eduardo Bechara Navratilova

26
Este permanecer en la tierra
Angélica Hoyos Guzmán

27
Tocadiscos
William Velásquez

28
De cómo las aves pronuncian su dalia frente al cardo /
How the Birds Pronounce Their Dahlia Facing the Thistle
Francisco Trejo

29
El escondite de los plagios / The Hideaway of Plagiarism
Luis Alberto Ambroggio

30
Quiero morir en la belleza de un lirio /
I Want to Die of the Beauty of a Lily
Francisco de Asís Fernández

31
La muerte tiene los días contados
Mario Meléndez

32
Sueño del insomnio / Dream of Insomnia
Isaac Goldemberg

33
La tempestad / The tempest
Francisco de Asís Fernández

34
Fiebre
Amarú Vanegas

35
*63 poemas de amor a mi Simonetta Vespucci /
63 Love Poems to My Simonetta Vespucci*
Francisco de Asís Fernández

36
Es polvo, es sombra, es nada
Mía Gallegos

37
Luminiscencia
Sebastián Miranda Brenes

38
Un animal el viento
William Velásquez

39
Historias del cielo / Heaven Stories
María Rosa Lojo

40
Pájaro mudo
Gustavo Arroyo

41
Conversación con Dylan Thomas
Waldo Leyva

42
Ciudad Gótica
Sean Salas

43
Salvo la sombra
Sofía Castillón

44
Prometeo encadenado / Prometheus Bound
Miguel Falquez Certain

45
Fosario
Carlos Villalobos

Colección
SOBREVIVO
Poesía social
(Homenaje a Claribel Alegría)

1
#@nicaragüita
María Palitachi

2
Cartas desde América
Ángel García Núñez

3
La edad oscura / As Seen by Night
Violeta Orozco

4
Guerra muda
Eduardo Fonseca

Colección
TRÁNSITO DE FUEGO
Poesía centroamericana y mexicana
(Homenaje a Eunice Odio)

1
41 meses en pausa
Rebeca Bolaños Cubillo

2
La infancia es una película de culto
Dennis Ávila

3
Luces
Marianela Tortós Albán

4
La voz que duerme entre las piedras
Luis Esteban Rodríguez Romero

5
Solo
César Angulo Navarro

6
Échele miel
Cristopher Montero Corrales

7
La quinta esquina del cuadrilátero
Paola Valverde

8
Profecía de los trenes y los almendros muertos
Marco Aguilar

9
El diablo vuelve a casa
Randall Roque

10
Intimidades / Intimacies
Odeth Osorio Orduña

11
Sinfonía del ayer
Carlos Enrique Rivera Chacón

12
Tiro de gracia / Coup de Grace
Ulises Córdova

13
Al olvido llama el puerto
Arnoldo Quirós Salazar

14
Vuelo unitario
Carlos Vázquez Segura

15
Helechos en los poros
Carolina Campos

16
Cuando llueve sobre el hormiguero
Alelí Prada

Colección
VÍSPERA DEL SUEÑO
Poesía de migrantes en EE.UU.
(Homenaje a Aida Cartagena Portalatín)

1
Después de la lluvia / After the rain
Yrene Santos

2
Lejano cuerpo
Franky De Varona

3
Silencio diario
Rafael Toni Badía

4
La eternidad del instante / The Eternity of the Instant
Nikelma Nina

Colección
MUNDO DEL REVÉS
Poesía infantil
(Homenaje a María Elena Walsh)

1
Amor completo como un esqueleto
Minor Arias Uva

2
La joven ombú
Marisa Russo

Colección
LABIOS EN LLAMAS
Poesía emergente
(Homenaje a Lydia Dávila)

1
Fiesta equivocada
Lucía Carvalho

2
Entropías
Byron Ramírez Agüero

3
Reposo entre agujas
Daniel Araya Tortós

Colección
MEMORIA DE LA FIEBRE
Poesía feminista
(Homenaje a Carilda Oliver Labra)

1
Bitácora de mujeres extrañas
Esther M. García

2
Una jacaranda en medio del patio
Zel Cabrera

3
Erótica maldita / Cursed Erotica
María Bonilla

4
Afrodita anochecida
Arabella Salaverry

5
Zurda
Nidia Marina González Vásquez

Colección
VEINTE SURCOS
Antologías colectivas
(Homenaje a Julia de Burgos)

Antología 2020 / Anthology 2020
Ocho poetas hispanounidenses / Eight Hispanic American Poets
Luis Alberto Ambroggio
Compilador

Colección
PROYECTO VOCES
Antologías colectivas

María Farazdel (Palitachi)
Compiladora

Voces del café

Voces de caramelo / Cotton Candy Voices

Voces de América Latina I

Voces de América Latina II

Para los que piensan, como Waldo Leyva, que "la palabra ha llegado al extremo de la perfeción", este libro se terminó de imprimir en enero de 2022 en los Estados Unidos de América.

www.ingramcontent.com/pod-product-compliance
Lightning Source LLC
Chambersburg PA
CBHW020333170426
43200CB00006B/367